Camila Rossi



# O poder do LUCRO

Como transformar desafios em oportunidades para o sucesso empresarial

EDITORA CHAVE MESTRA®

## Ficha técnica

EDITORA CHAVE MESTRA®

Av. Marcos Penteado de Ulhoa Rodrigues, 1119 – Tamboré, Alphaville – SP,
Ed. Office Shopping Tamboré – Andar 21 – Sala Chave Mestra
CEP. 06460-040
@editorachavemestra
editora@editorachavemestra.com.br
Acesse: www.editorachavemestra.com.br



**Título original em português:**
O poder do lucro: como transformar desafios em oportunidades para o sucesso empresarial



**Direção editorial:** Raquel Medeiros
**Coordenação editorial:** Bartira Costa Neves
**Assistência editorial:** Eloiza Andrade e Larissa Robbi Ribeiro
**Revisão:** Luiza Tenuta
**Diagramação e projeto gráfico:** Weslei Eugênio
***Branding* de capa:** Izzo Medeiros

Dados Internacionais de Catalogação na Publicação (CIP)

Rossi, Camila

R831 O poder do lucro: como transformar desafios em oportunidades para o sucesso empresarial / Camila Rossi – Barueri, SP. Chave Mestra Editora, 2024. 264 p.: 16 x 23 cm

ISBN 978-65-5496-074-8

1. Desenvolvimento pessoal. 2. Mentalidade de sucesso. 3. Negócios. 4. Prosperidade. 5. Mulheres de sucesso. 6. Fé. I. Título.

CDD 158.1

# DEDICATÓRIAS

Dedico este livro a:

**Deus e Nossa Senhora Aparecida**, pela luz e proteção constantes em minha vida, desde o início, guiando os meus passos e fortalecendo a minha fé.

**Minha mãe, Margarete Fátima Rossi**, cujo amor incondicional e apoio inabalável foram a base de tudo que conquistei.

**Meu pai, Nereu Rossi (*in memoriam*)**, cuja sabedoria, coragem e determinação continuam a inspirar minha jornada, mesmo em sua ausência. Seu legado vive em cada passo que dou.

**Meu esposo, Paulo A. G. Dorileo**, por ser meu parceiro de vida e meu maior apoio em todas as etapas da minha jornada. Seu amor e companheirismo são o alicerce da minha força e sucesso.

**Meus enteados**, Dante e Paola, vocês são uma parte especial da minha jornada e merecem todo o meu carinho.

**Meu irmão, Bismarki Rossi**, por seu carinho e apoio constante, sendo sempre um pilar de força e amizade na minha vida.

**Meu sobrinho, Thomais D. Rossi**, por trazer alegria e esperança ao meu coração, lembrando-me da importância da família e do amor.

**Minha cunhada, Kelly Daghetti Rossi**, por seu apoio e presença especial em momentos importantes, enriquecendo nossa família com seu carinho.

**Meu primo, Eder Miranda**, quem considero um irmão. Sua ajuda e apoio foram indispensáveis em muitos momentos da minha vida. Sua presença constante e seu auxílio foram verdadeiramente valiosos para mim.

# AGRADECIMENTOS

Gostaria de agradecer:

A **Katia Santos**, por estar ao meu lado com apoio incondicional, especialmente nos momentos mais difíceis, e por me incentivar a encontrar a luz e a alegria mesmo nas horas mais sombrias.

A **Gislaine Prezniska** e **Celso Guasca**, por sua amizade e apoio constantes na hora mais difícil da minha vida.

Aos **meus afilhados**, Paulino Gabiatti, Bianca Gabiatti, Echilei, Caio, Bianca, Nicolly, Perolá e João, por serem uma fonte constante de alegria e amor em minha vida. Vocês têm um lugar especial no meu coração e fazem a minha vida mais rica e significativa.

Aos **meus padrinhos**, Mara Miranda, Irineu Rossi, Dilma e Valmor (*in memoriam*), Sandra Miranda e Luiz Prezniska , por serem uma presença constante de amor e orientação em minha vida. Cada um de vocês deixou uma marca especial e contribuiu de maneira significativa para meu crescimento e desenvolvimento pessoal.

A **todos os meus parentes maternos e paternos**, que contribuíram de maneira única para minha trajetória, com amor, ensinamentos e apoio incondicional.

**Gelsi Rosa Siviero**, por sua confiança e apoio ao longo da minha trajetória. Sua orientação e incentivo foram fundamentais para o meu crescimento.

Com amor e gratidão a todos vocês, que tornam minha vida mais rica e significativa.

Neste momento especial, também gostaria de expressar minha profunda gratidão aos meus sócios **Patrícia**, **Grasiela**, **Antônio** e **Luiz**. A parceria e o compromisso de cada um de vocês foram fundamentais para a realização deste projeto.

Agradeço também a **todos os nossos colaboradores**, cuja dedicação e esforço contínuo tornam nosso trabalho possível. Sem o apoio e a colaboração de cada um de vocês, este livro não seria uma realidade.

A **todos os parentes, amigos e pessoas que passaram pela minha vida**; cada um de vocês deixou uma marca especial na minha história. Com seu apoio, amizade e ensinamentos, ajudaram a moldar quem eu sou hoje. Agradeço a todos por fazerem parte dessa jornada e por contribuírem, de alguma forma, para minha trajetória.

A **todos os meus clientes e leitores**, que confiam no meu trabalho e inspiram minha dedicação e paixão. Vocês são a razão pela qual continuo a me esforçar e a buscar excelência, e sou profundamente grata pelo apoio e pela oportunidade de compartilhar meu conhecimento e experiências com vocês.

# SUMÁRIO

# INTRODUÇÃO: O INÍCIO DE UMA JORNADA

A vida é um percurso cheio de altos e baixos, e cada experiência nos molda, tornando-nos quem somos. Minha história começa em um pequeno canto do Brasil, onde os desafios da vida se apresentaram cedo. Desde uma infância marcada por problemas de saúde até a luta para superar a falência do meu primeiro negócio, cada etapa da minha jornada foi uma lição valiosa que me conduziu ao desenvolvimento da metodologia "O Poder do Lucro". Este livro é uma retrospectiva da minha vida, uma celebração das lições aprendidas e uma ferramenta para ajudar outros a alcançar o sucesso empresarial.

# 1

# NASCIDA PARA LUTAR

Sou Camila Rossi, filha de Margarete Fátima Rossi e Nereu Rossi, natural de Terra Nova do Norte/MT e criada até os 15 anos de idade em Nova Guarita/MT; vim de família humilde, e honro as minhas origens. Nasci com diversos problemas de saúde, incluindo anemia profunda, e quando os meus pais me levaram ao hospital, o médico imediatamente solicitou transfusão de sangue.

Meu tipo sanguíneo é O+, então, enquanto minha mãe estava comigo no hospital, meu pai correu desesperado atrás de um doador. Naquela época, era muito difícil achar um doador, pois na região os casos de malária eram recorrentes e os hospitais não tinham banco de sangue. Meu pai sempre manteve uma boa rede de amigos e recorreu a eles. Um desses amigos era um policial, cujo tipo sanguíneo era compatível para ser meu doador.

Depois de vários exames e diagnósticos, o policial conseguiu fazer a doação e me salvar desse primeiro desafio. Porém, após a transfusão, vieram as infecções; precisei tomar muitos antibióticos e encontrei diversos outros problemas que dificultaram meu tratamento, como estradas precárias, que dificultavam a minha locomoção.

Diante de tantas internações, meus pais, que moravam em Nova Guarita, me levavam a Alta

Floresta/MT para o tratamento, que era a cidade mais próxima com bons hospitais, chegando a sair de madrugada para me socorrer. Naquela época, não havia asfalto, era estrada de chão batido, com muitos atoleiros, e era necessário atravessar alguns trechos de balsa durante a madrugada.

Mesmo com tudo isso, eu era uma menininha que desde muito cedo já tinha um carisma encantador. Sempre que meus pais me levavam ao médico ou quando eu ficava internada, eu cativava os médicos e enfermeiras com minha inteligência e meiguice. Quando recebia alta, meus pais tinham que me buscar de camionete para trazer os tantos presentes que eu recebia. Em uma dessas internações, meu pai chegou ao hospital para me buscar e um dos médicos havia me presenteado com uma motoca, sobre a qual ele brincava comigo pelos corredores. Era impressionante como eu cativava corações.

## 1.1. Um milagre em Cuiabá

Com apenas 1 ano e 9 meses, passei por mais um desafio: peguei sarampo e tive uma intoxicação por antibióticos. Fui transferida do interior do Mato Grosso às pressas para Cuiabá, capital do estado. Lá, fiquei internada no hospital geral por 15 dias, mas não apresentava nenhuma melhora no quadro. Como só era permitido um acompanhante, minha mãe ficava comigo enquanto meu pai estava hospedado no hotel ao lado. Ele ia ao hospital todos os dias, mas não era permitido entrar, então ficava no portão; além disso, a comunicação era difícil naquela época.

Minha mãe, desesperada, foi à capela junto com minha vó Eli. Juntas, fizeram uma promessa a Nossa Senhora Aparecida, pedindo que intercedesse por mim junto a Deus e me salvasse e, se isso acontecesse, eu seria devota dela e me levariam ao Santuário de Aparecida, em São Paulo. Após a promessa feita a Nossa Senhora Aparecida, algo mudou. Uma intuição forte lhe dizia: "Margarete, é hora de agir". Então, ela pediu que meu pai procurasse o primo dela, Joel Pitt, que na época era vereador e presidente da Câmara Municipal de Terra Nova do Norte. Mesmo estando a 700 km de distância da capital, Joel não hesitou. No dia seguinte, ele já estava ao nosso lado, dentro do hospital.

Naquela época, vereadores tinham uma presença de grande autoridade, e com sua chegada, tudo mudou. Uma nova equipe médica foi designada para me avaliar. Até então, os médicos já haviam praticamente perdido as esperanças, mas algo no ambiente parecia diferente. O tratamento que eu recebia mudou drasticamente, em todos os aspectos. Era como se uma nova energia tivesse sido trazida com aquela intercessão.

Eu, que estava à beira da morte, desenganada por todos, comecei a melhorar surpreendentemente. Menos de cinco dias após a promessa e a intervenção do Joel, o impossível aconteceu: eu estava recebendo alta do hospital. Nossa Senhora Aparecida tinha atendido ao clamor de minha família, e eu era o milagre vivo, visível para todos.

## 1.2. A pequena princesa

A partir da minha alta no hospital, passei a ter menos problemas de saúde. Meus tios me chamavam de fiapo, porque eu nunca passava dos 14 kg, e todos me amavam e cuidavam de mim. Era incrível como eu encantava as pessoas. Em todos os jogos de futebol e festas da cidade, as pessoas queriam me pegar e me levar para brincar, e eu sempre ganhava muitos presentes. Desde muito pequena, eu andava parecendo uma princesa, só de roupas de grife e sapatos de saltos; era a primeira filha, a primeira neta dos avós maternos e a primeira sobrinha dos tios maternos, então sempre fui muito mimada. Nas festas, amava estar em cima dos palcos juntos com os cantores, adorava "me aparecer". Logo que comecei falar, já até arriscava umas cantorias. Minha mãe e avó me levavam muito à igreja, e aos cinco aninhos de idade eu já fazia apresentações na missa.

Em relato, vó Eli disse:

> Camila encantava com a inteligência e meiguice. Em uma certa ocasião, eu peguei uma varinha (galho de árvore) e comecei a escrever no chão o meu nome: Eli, e de repente a Camila começou a copiar a escrita. Tudo bem, meu nome é fácil, mas Camila nunca tinha ido à escola e tinha apenas quatro anos de idade. A partir dali, saiu escrevendo meu nome, Eli, em todos os carros com o dedo. Na época, as estradas de chão deixavam os carros muito empoeirados e, por isso, conseguia escrever. A partir dali, adorava que lêssemos historinhas. Um dia, passamos por umas placas na beira de estrada e Camila falava o que estava escrito nas placas. Ninguém imaginava que ela estava lendo, achávamos que ligava os desenhos da placa às palavras. Até que um dia a peguei lendo a Bíblia. Inicialmente achei que estava me imitando rezar, já havia feito isso antes, mas quando cheguei perto, percebi que realmente ela estava lendo a Bíblia, com muita dificuldade, mas reconhecia as palavras e as formava. Era impressionante a inteligência.

## 1.3. Nascimento do irmão

Com apenas 4 anos de idade, eu estava me preparando para a chegada de um irmão. Acostumada a ser filha única e primeira neta da família materna, precisava entender que dividiria espaço com o irmãozinho. Que chato! E, quando meus pais começaram a escolher o nome do bebê, minha mãe conta que eu não gostava de nenhum, e que eu mesma queria escolher.

Quando meu irmão nasceu e meus pais foram ao cartório para registrá-lo, haviam escolhido o nome Natan Rossi – socorro, Deus! Eu, com aproximadamente 4 anos e meio de idade, comecei chorar e gritar, pois não queria esse nome, que considerava feio. Argumentava que iam chamar ele de "nata", tadinho! Precisava salvar meu irmãozinho. E assim eu fiz, com minha determinação, coragem e ousadia, ou com minhas birras e teimosias – aí a nomenclatura deixo com vocês. Meus pais me escutaram e perguntaram que nome eu queria dar, e eu rapidamente disse "Bimaki". Na época, havia um jogador famoso que se destacava no futebol chamado Bismarck; ele jogou pela Seleção Brasileira em 1989. Bismarck era conhecido por sua habilidade, visão de jogo e precisão nos passes, sendo um dos grandes talentos do futebol brasileiro naquela época.

Por ser nome de um jogador de futebol e meu pai amar futebol, ele acabou cedendo ao meu pedido, e meu irmão foi salvo por mim. Em vez de ser registrado com o nome Natan, foi registrado com o nome Bismarki Rossi. Muito lindo! A ideia de ter um irmão começou a ficar boa. Pensei comigo: "Vou aparecer na televisão, tenho um irmão com nome de jogador de futebol!".

## 1.4. Determinação ou teimosia

Meu pai era garimpeiro, e minha mãe, do lar. Cresci sendo muito mimada e sempre tive tudo o que queria. Minha mãe conta que, diversas vezes, meu pai saía de Nova Guarita para ir até Terra Nova do Norte comprar peças ou ferramentas para o trabalho. Quando eu estava junto e via uma bicicleta, nada no mundo me fazia descer dela. Podiam me repreender, fazer promessas, mas não tinha jeito, eu tinha que levar a bicicleta. Cheguei a ter quatro bicicletas novas penduradas no meu quarto, porque amava andar nelas.

Sempre tive muita determinação, o que outros podem chamar de teimosia ou de birra. Talvez um pouco dos três, quem sabe? Criada para ser a menina mimada, a "patricinha", aos poucos fui destoando desse papel, começando com minhas pequenas aventuras de empreendedorismo ainda na infância.

## 1.5. A menina prodígio

Em um outro relato, vó Eli conta:

Aos 6 anos de idade, começou estudar no pré, e se apaixonou pela leitura. Nossa família, humilde e sem muito estudo, não tinha esse hábito, mas minha irmã Verônica era professora e tinha muitos livros de historinhas. Camila amava ir lá para ler e pedir emprestado os livros, que nunca devolvia. Mas Verônica incentivava muito ela a continuar com essa sede pelo conhecimento. Aos 7 anos de idade, iniciou a primeira série, mas Camila dava muito trabalho à professora Lucia, pois como já sabia ler e escrever, terminava as tarefas e ficava incomodando os coleguinhas por demorarem a terminar, pois ela queria brincar. A professora viu o potencial da Camila e, para não boicotar essa inteligência, mas ensinar respeitar o outro, começou a falar para Camila ajudá-la a ensinar às demais crianças, assim não incomodava a sala e se distraía enquanto as outras crianças aprendiam.

## 1.6. Escola pública

Sempre estudei em escola pública e honro cada professor por seus ensinamentos. Gostaria de citar minhas professoras do primário aqui, em especial: professora Lúcia, da primeira série; professora Lídia Menegassi, da segunda série; professora Naide Zambenedetti, da terceira série; a diretora na época, professora Rosa; professora e tia Verônica

Labres, que me emprestava livrinhos de historinhas e nunca me cobrava para devolvê-los. Sempre gostei de ser a melhor em tudo que fazia, meus pais me ensinavam muito isso: se for fazer, faça bem-feito.

## 1.7. Empreendendo na infância

Logo que comecei a ir para a escola, identifiquei um mercado promissor: descobri que, se eu levasse dois lanches, poderia comer um e trocar o outro com um dos meus colegas por outras coisas. Então, quando minha mãe arrumava a lancheira, eu sempre pedia duas torradas, sendo que uma era para trocar por algo que me interessasse de algum coleguinha.

Naquela época, morava em Nova Guarita e tínhamos muitos amigos, entre eles a Neuza e o Chagas, pais da minha melhor amiga, a Francirene, que chamávamos de "Tinha" ou "Bolotinha", porque era gordinha – perdoem-me, mas, naquela época, não sabíamos o que era *bullying*. Seus pais tinham um supermercado e eu amava ficar lá brincando de comerciante.

Um dia, tivemos uma ideia brilhante. Eu e minha amiga, entre os 9 ou 10 anos, resolvemos abrir um negócio: produzir e vender brigadeiros. A Fran tinha a matéria-prima do mercado de seus pais e sabia fazer brigadeiro, e eu sabia vender e colocar preço para ter lucro com o negócio. Era a combinação perfeita. Vendíamos bastante, até a Neuza cortar o fornecimento de matéria-prima, pois não queríamos pagar os ingredientes para que sobrasse mais dinheiro.

## 1.8. Religião

Quando eu era criança, sempre fui muito ativa e aparecida, o que me rendeu vários convites para ler e cantar na igreja. Eu me sentia uma verdadeira cantora profissional, a vó Eli e minha mãe se enchiam de orgulho, me levavam à missa e me assistiam com um brilho nos olhos. Nas missas de coroação de Nossa Senhora, eu sempre cantava e coroava vestida de anjo, de túnica branca e asas de papelão e papel celofane que as catequistas faziam. Desfilávamos em procissão pelas ruas de Nova Guarita, e esse era um momento muito especial para mim.

Certa vez, durante uma dessas coroações, um coleguinha se aproximou com uma vela acesa nas mãos, e as minhas asas pegaram fogo, causando um verdadeiro tumulto. Sem hesitar, arranquei minhas próprias asas e as joguei no chão. Enquanto todos se preocupavam se eu ainda cantaria e coroaria Nossa Senhora, simplesmente declarei: "Cantarei com as asas queimadas, ou sem as asas, mas vou cantar". Minha determinação já se mostrava forte desde então.

Vó Eli também participava dos retiros católicos carismáticos e sempre me levava com ela. Nós íamos de Nova Guarita até Terra Nova do Norte para participar. No primeiro encontro que fui, não era permitida a entrada de crianças, mas como muitos haviam levado seus filhos de outras cidades, organizaram um encontro separado para nós, com alguns adultos responsáveis.

Durante esse retiro, minha avó foi surpreendida ao ouvir de alguém: "Você viu o que aconteceu? Sua neta está conduzindo o encontro de crianças, ensinando-as a orar em línguas". Minha avó, surpresa, respondeu: "Mas a Camila não sabe orar em línguas!". Ela, então, foi me ver e, para seu espanto, percebeu que eu realmente estava conduzindo as outras crianças em oração, orando em línguas e liderando o grupo. Nos três dias de encontro, fui a palestrante mirim, guiando as outras crianças com confiança e fé.

Minha fé sempre foi uma parte fundamental de quem sou. Desde criança, participei ativamente da igreja, lendo e cantando nas missas, conduzindo procissões, cenáculos e retiros carismáticos. A fé que me guiou na infância continuou a me acompanhar na vida adulta, sendo um pilar em momentos de dificuldade e uma fonte de inspiração nas minhas conquistas.

# 2

# MINHA JORNADA EMPREENDEDORA

Minha jornada empreendedora começou cedo, impulsionada por uma necessidade urgente: meu pai havia falido, e estava debilitado fisicamente e emocionalmente devido a uma tragédia familiar. Passamos por muitas dificuldades e precisamos da ajuda financeira e psicológica de amigos e parentes, alguns que preciso citar: tia Mara, tio Cézar, tia Sandra, tio José Adelar, tio Pedro, tia Enice, vó Eli e vô Salustiano, tio Jorge Alencar, tio Luis Prezniski, tio Milton Prezniski , tio José Carlos, tio Davi, tio Irineu, tia Terezinha e tantos outros que se solidarizaram com a nossa situação.

Como eu era a filha mais velha da família, aos 14 anos, assumi a responsabilidade de ser a provedora naquele momento tão difícil. Então, fui em busca de um emprego. Fui contratada por Rose Fasbinder para ser babá de seu filho, que acabara de nascer. Comecei a ganhar meu dinheirinho, mas não era o suficiente para a responsabilidade que precisei assumir. Mesmo amando crianças, fui em busca de algo que pagasse mais.

Como Rose gostava do meu trabalho, me indicou para sua irmã, Leila, que me contratou para trabalhar no Supermercado Aline; minha mãe também começou a trabalhar lá. Eu gostava de atender as pessoas e vender e, na época, fiquei responsável pela parte da papelaria. Meu trabalho fluiu muito bem, mas precisava ganhar mais. Fui, então, convidada para trabalhar no Supermercado Fran. Lembram-se da história de criança, quando vendíamos brigadeiros com os produtos que a mãe da Fran comercializava? Pois bem, Neuza me contratou para ajudá-la no supermercado.

Lá eu fazia de tudo, desde limpar o estabelecimento, que era enorme, até vender, buscar o leite no sítio, entre outras coisas, mas eu gostava do que estava fazendo e nunca me vitimizei ou me recusei a fazer nada. Tudo o que me passava pela cabeça era a sensação de dever cumprido, pois sabia que, para aumentar meu salário, precisava entregar muito resultado e fazer com que meu trabalho se pagasse sozinho.

Tudo isso era gratificante para mim; amava o que fazia e quanto mais eu fizesse, mais me sentia realizada, não importava o que fosse. Sempre gostei de ser útil. Admirava a Neuza por ser empresária e como conduzia o negócio.

Trabalhando de dia no supermercado e estudando à noite, eu ainda precisava aumentar a renda. Foi quando resolvi trabalhar como manicure aos fins de semana; o detalhe era que eu nunca tinha feito curso, mas sempre prestava muita atenção nas manicures que faziam as minhas unhas e as da minha mãe. Comprei o material e comecei fazer as unhas da minha mãe e de uma vizinha, a Altiva, que me incentivava muito. Aprendi nos pés delas a ser manicure – coitadas, quantos bifes eu tirei delas!

Altiva achava que eu estava pronta, e como eu nunca corri de desafios, concordei em começar a cobrar pelo serviço. Em um belo domingo de manhã, Altiva me chamou para minhas primeiras unhas pagas: os pés de uma médica que havia chegado recentemente para trabalhar no postinho de saúde de Nova Guarita. Confesso que suei frio, minhas pernas tremeram, mas eu aceitei. Coitada da médica! Levei umas quatro horas para fazer as unhas dela e percebi que ela começou a ficar impaciente, então falei que era a primeira vez que fazia as unhas de alguém que não fosse minha mãe e a Altiva. Ela compreendeu e disse que tinha a manhã livre.

Nessa época, Altiva sabia de tudo pelo que estávamos passando e me incentivou muito, me dando força. Ela fez um café, serviu bolo, conversou, e no final tudo deu certo. A médica, muito educada, me elogiou pelo esforço, mas disse que eu precisava treinar mais – e ela tinha toda a razão. Não desisti, continuei fazendo unhas, inclusive dessa médica. Baixei o valor para compensar a demora e, assim, continuar praticando.

Porém, a minha carreira como manicure durou pouco, eu não tinha a menor habilidade. Sofria por dentro quando alguém me chamava para fazer as unhas, mas, mesmo assim, eu ia, pois precisava da renda extra. Foi quando meu pai, com uma coragem que só ele tinha, resolveu se mudar de Nova Guarita para Terra Nova do Norte. Sem dinheiro, com dívidas e a saúde debilitada, seguimos nosso herói. Fomos para uma comunidade rural, Nona Agrovila, onde fomos recebidos pela família paterna.

Ficamos uns dias na casa da minha tia Tere, a qual nos acolheu de braços abertos. Minha vó Nilza e os irmãos do meu pai, tio Irineu e tio Davi, também não mediram esforços para nos ajudar. Todos moravam na comunidade rural. Mesmo doente, nunca vimos meu pai derrotado; era incrível a energia que ele tinha, a sabedoria, a inteligência para os negócios. Tínhamos certeza de que era uma fase e que seria curta, e realmente foi.

Não me canso de ressaltar a coragem do meu pai de empreender, de fazer acontecer. Nunca o vi reclamando ou se vitimizando; estava sempre determinado, sem medo de ousar e arriscar. Nessa época, passei a estudar na escola da comunidade, e rapidamente encontrei um jeito de ganhar um dinheirinho. Os colegas tinham dificuldade com algumas matérias e eu comecei cobrar para dar aulas de reforço.

Tudo começou fluir e as coisas começaram a se resolver. Estávamos morando em uma casa alugada e meu pai já tinha retomado o controle de seus negócios e finanças, mas, após um tempo, meu pai contraiu uma nova doença: tuberculose. Teimoso, demorou para buscar tratamento, e a situação só se agravou. Foi quando minha tia Tere arrumou um comprador para um pequeno pedaço de terra que havia sobrado.

Meu pai o vendeu e, com isso, nos mudamos para a cidade de Terra Nova do Norte. Ele precisava urgentemente de tratamento, e nós precisávamos ficar com ele. Alugamos uma casa e ele começou a se tratar no hospital municipal. Eu, mais do que nunca, precisava ganhar dinheiro e ajudar a minha família.

Sem nenhum centavo no bolso, mas cheios de determinação, decidimos abrir uma pequena padaria. Na época, com 15 anos, eu já namorava, e meu namorado era padeiro. Era o começo de uma jornada intensa no mundo dos negócios. Enquanto meu pai seguia internado, eu iniciava minha carreira de empresária. Meu pai era um exemplo de superação, de empreendedor, de um homem que não tinha medo de nada e não se dava por derrotado nunca. Segui o exemplo dele.

O negócio decolou rapidamente. A padaria se tornou um ponto de referência na nossa cidade, atraindo uma clientela fiel e vendendo pães e doces como nunca. Eu sentia um misto de orgulho e responsabilidade, pois estava no controle de algo que prosperava. No entanto, como muitos empreendedores, subestimei a importância crucial da gestão financeira e do planejamento estratégico. Era uma empresa familiar, onde todos passavam a mão no dinheiro, sem nenhum controle.

Enquanto as vendas cresciam, os bastidores da padaria revelavam uma realidade preocupante: a falta de controle financeiro começou a minar nossa estabilidade. Os lucros não eram aplicados de maneira adequada e as despesas começaram a superar as receitas. O que parecia ser um sucesso promissor, logo se transformou em um grave desafio financeiro. Nós não tínhamos o conhecimento e a experiência necessários para navegar nas águas turbulentas da administração empresarial.

Muitas noites, eu ia dormir chorando, sem saber como iria arcar com as contas e enfrentar os desafios do dia seguinte. O inevitável aconteceu: a padaria, que vendia tanto, numa trajetória de altos e baixos, após dez anos, faliu. Foi um golpe duro para mim e para minha família, ver algo que construímos com tanto esforço desmoronar por simples falta de gestão.

Passamos por momentos difíceis, sem recursos sequer para ir ao supermercado e cheios de dívidas em uma cidade pequena. Foi uma lição dolorosa, mas importante para o meu aprendizado e crescimento. Em vez de me deixar abater pela falência, transformei essa amarga experiência num ponto de virada na minha vida pessoal e profissional. Em vez de me vitimizar, decidi enfrentar a situação de frente. Levantei a cabeça e mergulhei nos estudos sobre contabilidade, finanças e planejamento estratégico. Essa determinação em virar o jogo, mesmo diante de uma adversidade tão significativa, moldou profundamente meu *mindset* como empresária.

Meu pai, que sempre me conheceu melhor que ninguém, costumava dizer que eu tinha a determinação de uma leoa. Essa comparação não poderia ser mais acertada, pois, com a mesma coragem e determinação de uma leoa, eu ousei sonhar ainda mais alto e lutei com todas as forças para ir mais longe do que eu já tinha ido antes.

Aprendi que o sucesso não vem apenas de vender muito, mas de gerir com sabedoria cada centavo que entra e sai do negócio.

> **Aprendi que o sucesso não vem apenas de vender muito, mas de gerir com sabedoria cada centavo que entra e sai do negócio.**

Hoje, minha missão vai além de ter lucro com os meus próprios negócios. Por meio da metodologia de gestão empresarial "O Poder do Lucro", que desenvolvi com base em minha experiência pessoal e profissional e em meu conhecimento técnico, ajudo outros empresários a crescerem de forma sustentável e lucrativa. Cada passo da minha jornada empreendedora reforçou minha perseverança e resiliência, desenvolvendo um *mindset* de sucesso.

A seguir abordarei mais sobre essa técnica de sucesso que venho aplicando em minhas mentorias empresariais.

## 2.1. Ação e prosperidade: a fé que move resultados

Na Bíblia, somos constantemente lembrados de que a fé é uma força poderosa, mas que, por si só, não é suficiente para gerar frutos. Em Tiago 2:17, lemos: "Assim também a fé: se não tiver obras, está morta em si mesma". Essa passagem nos ensina que não basta acreditar que algo irá acontecer; precisamos agir de acordo com nossa fé para ver os resultados se manifestarem.

No contexto empresarial, muitas vezes, as pessoas esperam que a sorte ou as circunstâncias externas tragam o sucesso. Porém, assim como a fé sem ação não gera frutos, uma ideia sem execução não traz prosperidade. De graça do céu só cai chuva. Deus nos dá a capacidade de sonhar e a coragem de agir, mas cabe a nós plantarmos e cuidarmos da semente para colhermos a prosperidade.

Jesus, em várias de suas parábolas, também reforça esse princípio. Na parábola dos talentos, por exemplo, aqueles que agiram e multiplicaram o que lhes foi confiado foram recompensados (Mateus 25:14-30). Esse princípio se aplica aos negócios: quem faz bom uso dos seus dons, oportunidades e recursos, é capaz de multiplicá-los. Não devemos ser como o servo que, por medo, enterrou seu talento, e sim como os que, com coragem e ação, multiplicaram o que receberam.

Assim, para alcançar a verdadeira prosperidade, seja espiritual, financeira ou profissional, precisamos aliar fé e ação. A fé nos impulsiona, mas é por meio das nossas ações conscientes e persistentes que vemos os frutos. Não adianta apenas orar por sucesso e abundância; é preciso trabalhar, tomar decisões, arriscar e confiar. Deus abençoa aqueles que se movem com propósito.

Esses princípios não só edificam uma vida próspera, como também nos lembram que prosperidade vai além de riquezas materiais. Ela é fruto de uma vida alinhada com a vontade de Deus, onde o esforço, a fé e a integridade andam de mãos dadas.

## 2.2. A primeira grande lição

Quando me formei em contabilidade, devo admitir que, inicialmente, não era por paixão. Era um dos poucos cursos disponíveis perto da minha cidade, e eu queria um diploma.

A realidade era dura: eu pegava a rodovia à noite de moto, enfrentando o perigo e o medo, porque o transporte disponibilizado pela prefeitura falhava. E, ainda assim, estava lá, determinada. Porém, havia algo mais complicado: entender os conceitos de débito e crédito. Isso me afligia profundamente. Eu estava perdida nas primeiras aulas, sem conseguir acompanhar os conteúdos. Foi um período difícil, até que um dos meus professores me chamou para uma conversa, sem rodeios.

Ele me olhou e, com um tom sério, disse: "Camila, você está com muita dificuldade. Talvez este curso não seja para você. Eu acho que seria melhor você procurar outro caminho, porque, desse jeito, não vai conseguir passar e será reprovada".

Essas palavras pesaram. Ele me disse que eu não era boa o suficiente. Eu ressignifiquei aquilo como um desafio. E quem me conhece sabe: eu adoro um desafio. Eu sorri por dentro, com uma chama acendendo no meu peito, e respondi, calmamente, mas com determinação: "Professor, quanto eu preciso tirar na próxima prova para passar na matéria?". Ele me olhou por um segundo e respondeu, quase sem acreditar: "Você precisa tirar nove, mas, Camila, com as dificuldades que você está tendo, eu acho que é muito difícil".

Aquela resposta dele, na verdade, era um adeus. Para mim, era o combustível de que eu precisava. Ele não fazia ideia de quem ele estava desafiando. Ele não sabia quem era Camila Rossi quando pressionada a dar o seu melhor.

Naquele dia, voltei para casa com uma missão: provar a mim mesma que eu era capaz. Eu trabalhava o dia todo na padaria da minha família, estudava à noite, e, naquele momento, resolvi dar tudo de mim. Separei todo o material possível, fiz exercícios incansavelmente e, sempre que surgia uma dúvida, ligava para colegas que tinham mais facilidade na matéria. Cada minuto de estudo era um passo para vencer aquele desafio.

Uma semana depois, o grande dia da prova chegou. Eu estava pronta. Cheguei mais cedo à faculdade e, antes de entrar na sala, fiz uma oração. Pedi a Nossa Senhora que me ajudasse e, se fosse para continuar naquele curso, que eu conseguisse a nota de que precisava. No entanto, algo dentro de mim dizia que eu já tinha feito minha parte. Fé sem ação é fé morta. Eu tinha agido e estava confiante.

Comecei a prova e terminei de responder rapidamente. Sabia que tinha dado o meu melhor. Ao entregar a prova, o professor olhou para mim com um semblante tranquilo e disse: “Desistiu mesmo, Camila? Procure um curso de que você goste de verdade. E se precisar de qualquer coisa, estarei aqui para apoiá-la”. Ele não estava sendo cruel; eu sabia que, no fundo, ele queria me ajudar, estava tentando me poupar de mais frustrações, mas, naquele momento, algo maior estava acontecendo.

Com um sorriso calmo, respondi: “Professor, consegue corrigir minha prova agora? Acredito que gabaritei”.

Ele me olhou com uma mistura de surpresa e curiosidade. Aquele momento parecia irreal. Eu vi o professor começar a corrigir a prova. Cada resposta certa, uma vitória. Cada acerto, uma confirmação de que eu estava no caminho certo. Quando ele terminou a correção, foi um momento de pura emoção. Ele olhou para mim, ainda em choque, e disse: "Você gabaritou".

Eu tinha passado. No último minuto do segundo tempo, mas eu tinha conseguido. Não foi só um triunfo acadêmico. Aquilo era uma prova de que, quando temos fé e agimos com propósito, podemos alcançar o que parece impossível.

Aquela prova não foi apenas um exame sobre débito e crédito. Foi uma das grandes lições da minha vida: Deus reage, mas nós precisamos agir. Eu pedi ajuda a Nossa Senhora, e ela me abençoou, mas eu dei a ela condições para reagir sobre o meu pedido. Por isso, sempre digo: fé sem ação não produz frutos. Precisamos trabalhar para que os céus se movam a nosso favor.

Aquela foi a primeira de muitas vitórias que viriam a moldar quem eu sou hoje.

POR ISSO, SEMPRE DIGO: FÉ SEM AÇÃO NÃO PRODUZ FRUTOS. PRECISAMOS TRABALHAR PARA QUE OS CÉUS SE MOVAM A NOSSO FAVOR.

# 3

# O CAMINHO DA EDUCAÇÃO

Empreender é sair da zona de conforto. É uma caminhada de desafios, riscos, incertezas e oportunidades.

Depois de formada, minha vida seguiu em um ritmo intenso, mas sempre de crescimento. Comecei a dar aulas de contabilidade básica, contabilidade geral, gerencial e de custos. Em pouco tempo, fui convidada a assumir a coordenação do curso de Ciências Contábeis e, consequentemente, virei chefe do meu professor. Embora fosse uma conquista importante, eu queria mais. Minha jornada era dura, eu trabalhava na prefeitura do meu município durante o dia e dava aulas na faculdade à noite. A distância nunca me intimidou, mas o perigo era real. Toda noite, eu percorria 60 km de moto, sempre com a minha mãe ao meu lado, que nunca me deixava enfrentar a BR sozinha.

Porém, por trás de todas essas conquistas, havia o peso da falência da padaria, as contas eram altíssimas e as cobranças eram um peso constante nos meus ombros. No entanto, eu sabia que, para superar aquela adversidade, precisava ir além. Desistir nunca foi uma opção para mim e, mais uma vez, eu precisava transformar os desafios em oportunidades.

**Empreender é sair da zona de conforto. É uma caminhada de desafios, riscos, incertezas e oportunidades.**

Eu havia realizado meu sonho de infância de ser professora, mas, agora, uma nova chama se acendia dentro de mim: a leoa estava decidida a ser palestrante. Queria usar minha história para impactar vidas, inspirar pessoas e mostrar que, mesmo diante de grandes dificuldades, sempre há um caminho a ser trilhado.

Empreender é exatamente isso: uma caminhada cheia de desafios, riscos e oportunidades. É como a vida, em que precisamos ter coragem para continuar, mesmo quando o caminho parece incerto. Muitas vezes, as maiores conquistas nascem dos momentos mais desafiadores.

Na Bíblia, encontramos lições poderosas sobre como enfrentar esses desafios. Em Provérbios 16:3, lemos: "Confia ao Senhor as tuas obras, e teus planos serão bem-sucedidos". Esse versículo me lembra que, por mais que os desafios pareçam imensos, se entregarmos nossos sonhos e ações nas mãos de Deus, podemos confiar que Ele nos guiará rumo ao sucesso, mas é preciso agir, pois fé sem ação não produz frutos.

Outro ensinamento importante vem de Josué 1:9, no qual Deus diz: "Não fui eu que lhe ordenei? Seja forte e corajoso! Não se apavore, nem desanime, pois o Senhor, o seu Deus, estará com você por onde você andar". O empreendedorismo exige exatamente essa postura de coragem. Por mais que as adversidades nos cerquem, precisamos acreditar que não estamos sozinhos, que podemos ser resilientes e vencer.

**Empreender é exatamente isso: uma caminhada cheia de desafios, riscos e oportunidades. É como a vida, em que precisamos ter coragem para continuar, mesmo quando o caminho parece incerto. Muitas vezes, as maiores conquistas nascem dos momentos mais desafiadores.**

Além dos ensinamentos bíblicos, grandes pensadores também reconheceram a importância de agir e tomar riscos para alcançar o sucesso. Peter Drucker, o pai da administração moderna, afirmou: "Onde há uma empresa de sucesso, alguém tomou alguma vez uma decisão corajosa". Isso me lembra que todo empreendimento de sucesso envolve risco, ação e determinação.

Já Napoleon Hill, em seu clássico *Pense e enriqueça*, destacou: "Toda adversidade, toda falha, todo sofrimento traz consigo a semente de um benefício equivalente ou maior". Essa visão reforça que os desafios que enfrentamos, como a falência que vivi, podem ser transformados em oportunidades de crescimento. O importante é não desistir, mas sim aprender, se reinventar e continuar em frente.

Empreender é muito mais do que simplesmente abrir um negócio. É uma jornada contínua de aprendizado, superação e, acima de tudo, coragem. É entender que as dificuldades são inevitáveis, mas que é possível vencer cada uma delas com trabalho, fé e persistência. O segredo está em nunca parar de se reinventar, em buscar sempre mais e em acreditar que, com esforço e ação, o sucesso é alcançável.

Assim como eu, muitos outros empreendedores enfrentam contas altíssimas para pagar, o peso de um fracasso ou de uma falência, mas a verdadeira força está em não se deixar abater por essas dificuldades. O caminho pode ser longo e cheio de obstáculos, mas as oportunidades estão sempre lá, esperando por aqueles que têm coragem de continuar. É preciso plantar, agir e confiar que Deus abençoará a nossa jornada.

E, agora, eu estava pronta para o próximo grande passo: me tornar palestrante e levar minha mensagem adiante.

EMPREENDER É MUITO MAIS DO QUE SIMPLESMENTE ABRIR UM NEGÓCIO. É UMA JORNADA CONTÍNUA DE APRENDIZADO, SUPERAÇÃO E, ACIMA DE TUDO, CORAGEM. É ENTENDER QUE AS DIFICULDADES SÃO INEVITÁVEIS, MAS QUE É POSSÍVEL VENCER CADA UMA DELAS COM TRABALHO, FÉ E PERSISTÊNCIA.

# 4

# O RECOMEÇO

Foi quando recebi um convite que mudaria o curso da minha vida. Gelsi Rosa Siviero, uma pessoa muito especial e até hoje presente em minha jornada, me chamou para realizar um trabalho por meio de sua empresa, credenciada ao Sebrae/MT. A tarefa era recrutar empresários e organizar caravanas para um grande evento do Sebrae/MT em Vila Rica. Diversos consultores de vendas haviam tentado esse desafio antes de mim, mas sem sucesso. A dificuldade de montar essas caravanas estava em diversos fatores: o tempo curto, a distância e as condições adversas da estrada.

Esse convite trouxe à tona uma grande reflexão. Para aceitar o desafio, eu precisava me desligar do cargo que ocupava na prefeitura, onde eu tinha um salário fixo, e me lançar em uma empreitada incerta e esporádica. Havia riscos, claro, mas eu senti que era a oportunidade que eu tanto havia clamado. E, como sempre fiz na minha vida, apostei. Deus estava me abrindo uma porta, e, corajosa como sou, aceitei o desafio.

Assim que aceitei, fui contar ao meu pai. Quando ele soube, apenas sorriu e disse: “Nem vou falar pra você não ir, porque a conheço e sei que não vai adiantar”. Ele sabia que, quando eu me comprometia com algo, não havia nada que me fizesse desistir. Então, em vez de tentar me convencer a não ir, ele resolveu me dar alguns conselhos preciosos, pois conhecia bem a região pela qual eu iria passar.

"Você vai se deparar com muitos atoleiros", ele disse, "então, primeiro, procure se deslocar sempre de dia e, se em algum lugar você perceber que vai atolar, nunca vá para a lateral. Jogue sempre o carro no meio da pista, bloqueando a passagem. Assim, o primeiro que precisar passar vai te ajudar a sair do atoleiro". Ele continuou, com aquele tom sério de pai que já viveu muitas coisas: "Outra coisa, nunca demonstre medo, aja com serenidade, mesmo em momentos apavorantes. O medo não te leva a lugar nenhum. Se você decidiu ir, se prepare para os contratempos e riscos que poderão vir. Encare de frente, sem mostrar nenhum tipo de medo".

Essas palavras ecoaram em minha mente durante toda a viagem e me deram a confiança necessária para seguir em frente.

Como Napoleon Hill disse em *Pense e enriqueça*: "A vitória é sempre possível para a pessoa que se recusa a parar de lutar".

### 4.1. O desafio do atoleiro

Meu pai, como sempre, estava certo. Durante a viagem para Vila Rica, me deparei com um daqueles atoleiros que ele mencionou. A voz dele ecoava em minha cabeça: "Se perceber que vai atolar, jogue o carro no meio da estrada; o primeiro que passar terá que te tirar". Já havia dois veículos atolados nas valetas laterais, claramente seguindo a rota errada.

Com as palavras do meu pai em mente, entrei no meio da pista, bloqueando completamente a passagem. E, claro, como previsto, atolei, mas com isso, bloqueei qualquer possibilidade de outros condutores passarem por ali. Como meu pai tinha me instruído, o primeiro carreteiro que passou não teve outra opção senão parar e me ajudar a sair do atoleiro. Dito e feito, ele foi prestativo e, com a ajuda dele, consegui continuar meu caminho.

Esse episódio reforçou para mim que ouvir pessoas mais experientes pode atalhar o sucesso. Assim está dito em Provérbios 19:20: "Ouve o conselho e recebe a instrução, para que sejas sábio nos teus dias por vir". Meu pai conhecia a região, sabia dos riscos, e seus ensinamentos não só me salvaram de um grande problema, mas também me mostraram o valor de se preparar para o que está por vir. Como diz Albert Einstein: "A vida é como andar de bicicleta, para manter o equilíbrio, você deve continuar se movendo". Foi exatamente isso que fiz: tomei uma decisão corajosa, me desvinculei de um emprego estável, me movimentei em direção do meu objetivo e confiei no meu potencial, além de reconhecer o valor de parcerias estratégicas.

O tempo era curto e a situação exigia resultados rápidos. Restava apenas uma semana para o evento. O município ficava em uma região distante, de difícil acesso e com estradas precárias, o que tornava o trabalho ainda mais arriscado. Além disso, havia a questão da segurança: a região tinha uma reputação de ser violenta, tanto que, na época, mulheres não trafegavam sozinhas por essas partes, o que só aumentava os desafios, mas, mesmo diante dessas adversidades, minha fé e determinação me conduziram.

**Foi exatamente isso que fiz: tomei uma decisão corajosa, me desvinculei de um emprego estável, me movimentei e confiei no meu potencial, além de reconhecer o valor de parcerias estratégicas.**

No entanto, essa conquista não foi só minha. Tive a bênção de contar com parcerias incríveis ao longo do caminho.

Diversas pessoas me ajudaram, com seus conhecimentos e habilidades, para garantir que esse projeto fosse um sucesso. Colegas de trabalho, empresários locais e colaboradores do Sebrae uniram forças comigo. Foi essa rede de apoio que fez toda a diferença. Juntos, montamos as caravanas, firmamos os contratos e superamos as barreiras. Quando um desafio parecia impossível, havia sempre alguém ao meu lado para encontrar uma solução.

Essa experiência me ensinou que as maiores oportunidades, muitas vezes, vêm acompanhadas de grandes riscos. Tive a sorte de contar com esse suporte e as parcerias certas, que me ajudaram a alcançar o sucesso.

Com essas parcerias, conseguimos fechar todos os contratos necessários e garantir a participação dos empresários. O evento foi um grande sucesso, e o meu esforço foi amplamente reconhecido. Sem essas colaborações e sem o suporte de quem estava disposto a acreditar no projeto, talvez o resultado não tivesse sido tão significativo. Como dizia John C. Maxwell: “Nenhum líder pode ter sucesso sem a equipe certa ao seu lado”.

Essa fase da minha jornada profissional me ensinou que, além da coragem, precisamos estar cercados de pessoas certas e confiar nas oportunidades que Deus nos dá, como bem reflete Isaías 41:10: “Não temas, pois estou contigo; não te assombres, pois sou o teu Deus; eu te fortaleço, e te ajudo, e te sustento com a minha destra fiel”.

Ao olhar para trás, vejo que o sucesso em Vila Rica foi o início de uma nova fase. Não foi sorte ou acaso; foi fruto da fé, da ação e da ajuda de todos aqueles que estiveram ao meu lado. A força da colaboração, unida à coragem e à confiança, faz com que desafios se tornem oportunidades.

## 4.2. A primeira parceria e o credenciamento

O dia em que Gelsi me convidou para ser sócia da sua empresa é uma memória que guardo com carinho. Ela ficou impressionada com os resultados que alcancei, um reconhecimento que acendeu em mim uma chama de esperança e possibilidade de resolver os meus problemas financeiros. Contudo, a realidade das minhas dívidas pesava como uma âncora, impedindo-me de formalizar essa parceria. Apesar disso, Gelsi, com sua generosidade e visão, encontrou uma solução. Ela fez o registro da minha carteira em sua empresa, permitindo que eu me credenciasse junto ao Sebrae. E assim, naquele momento, eu me tornei oficialmente uma "consultora" do Sebrae.

À medida que os contratos começaram a chegar, eu me deixava envolver por essa nova fase da minha vida. Inicialmente, minha prestação de serviço incluía prospectar pessoas para eventos, cursos e palestras, além de realizar visitas a empresas e formalizar as inscrições. Nessa época, já estava no programa Negócio a Negócio do Sebrae. Era uma oportunidade incrível, mas eu sentia que precisava de mais capacitação e conhecimento para tirar o máximo proveito dessa nova jornada.

Foi então que Gelsi e alguns colaboradores do Sebrae me indicaram o curso Empretec. O Empretec não é apenas um curso; é uma experiência transformadora que desafia cada participante a ir além dos seus limites. Quando decidi me inscrever, sabia que estava prestes a embarcar em uma jornada que mudaria completamente minha vida.

Após o curso, destaquei-me na turma, mas não posso entrar em detalhes, pois quem passa pela seleção assina um termo de sigilo sobre tudo o que acontece lá dentro. Posso, no entanto, afirmar com confiança que essa experiência foi um divisor de águas. Cada objetivo que projetei em meu plano de ação se tornou realidade.

Com a conclusão do Empretec, passei a receber repasses mais frequentes das metodologias do Sebrae. Sempre que surgiam novas capacitações, eu estava lá, pronta para aprender e contribuir. E mesmo que não tivesse sido convidada para participar de uma nova metodologia, eu me oferecia. Era o meu jeito de garantir que a aquisição de novos conhecimentos, que eu tanto valorizava, não escapasse de mim. Meu amor pelo Sebrae crescia a cada ensinamento que absorvia, alimentando minha paixão pelo aprendizado e pela consultoria.

## 4.3. Próximo nível

A oportunidade que me levaria ao próximo nível surgiu durante um grande evento que reunia autoridades políticas, prefeitos e empresários de destaque. A palestra magna, que tinha como tema "políticas públicas", seria ministrada pelos mais renomados especialistas no assunto, devido à importância do evento, porém, de última hora, eles se abstiveram. Foi então que, inesperadamente, me convidaram para assumir a palestra.

Embora eu fosse credenciada e capacitada para dar cursos sobre políticas públicas e tivesse sido aprovada nas metodologias, ainda não havia tido a chance de palestrar sobre o tema em um evento desse porte. No entanto, não hesitei. Sabia que essa era uma oportunidade única para mostrar meu potencial e me destacar.

O tempo que eu tinha para me preparar era extremamente curto – basicamente o trajeto até o local do evento. Separei os materiais que tinha sobre políticas públicas e comecei a estudar no ônibus. Ao chegar na minha primeira parada, encontrei Milena Neris, uma consultora também credenciada no assunto no assunto. Ela, generosamente, me ofereceu uma aula resumida em duas horas, o tempo que tínhamos até o meu próximo embarque. Milena foi incrível , e suas dicas práticas e o material emprestado foram essenciais para que eu me sentisse confiante.

Ainda assim, meu coração estava acelerado. Era a minha primeira palestra em um evento com tantas autoridades presentes, a minha responsabilidade era gigantesca, mas lá fui eu, determinada e preparada para encarar o desafio.

Quer saber qual foi o resultado? A palestra foi um sucesso! A partir daquele momento, minha jornada como consultora, instrutora e palestrante em eventos do Sebrae/MT se consolidou. De "vendedora de cursos", passei a ser reconhecida também como uma voz relevante no cenário de consultoria.

A demanda por meu trabalho crescia, e eu não podia perder tempo. Viajava de um município a outro durante a noite, muitas vezes tomando banho em rodoviárias pela manhã, evitando usar o dinheiro da ajuda de custo com hotéis. Esse sacrifício me permitiu focar quitar as dívidas e avançar na minha carreira.

Com o tempo, meu portfólio de serviços como consultora expandiu, e, além de ensinar, aprendi cada vez mais em cada nova experiência. Sempre fui extremamente atenta, curiosa e sedenta por aprender. Meu compromisso era fazer o meu trabalho da melhor forma possível, e isso me impulsionava. Comecei também a ministrar palestras e cursos para microempreendedores individuais (MEI). Durante essa jornada, conheci 133 dos 142 municípios do Mato Grosso, o que ampliou ainda mais minha visão sobre as necessidades das pequenas e médias empresas em nosso estado.

Não posso deixar de expressar minha profunda gratidão a todos que acreditaram em mim e contribuíram para o meu crescimento. Pessoas como Wladimir Silva, Zaira Pereira, Gelsi Rosa Siviero, Edgar , Rafael Backer, Sandro Rossi, Aurineise Tierre e Roberto Dahmer foram fundamentais no meu desenvolvimento. E, claro, um agradecimento especial ao Sebrae/MT, que investiu na minha capacitação e confiou no meu trabalho para replicar suas metodologias em empresas de pequeno e médio porte.

## 4.4. Organização financeira

Ao quebrar o meu primeiro negócio, restou uma dívida milionária. No entanto, eu não me deixei abater. Comecei a trabalhar, organizei minhas finanças e tracei uma estratégia para quitar minhas dívidas. Como disse George S. Clason, autor de *O homem mais rico da Babilônia*: “Orçamento é o meio pelo qual podemos levar nossas rendas e despesas a andarem lado a lado e não desperdiçarmos nossos tesouros em necessidades triviais”. Eu tinha um plano, conhecia o meu potencial e sabia aonde queria chegar. Eu queria ser consultora empresarial financeira, mas, para isso, sentia a necessidade de primeiro pagar minhas contas e ensinar pelo exemplo.

Tudo o que eu ganhava era destinado a honrar o parcelamento das minhas dívidas e investir em conhecimento. Como disse Thomas J. Stanley, autor de *O milionário mora ao lado*: "O que define os milionários não é o quanto ganham, mas o quanto gastam de maneira consciente". Eu me privei de muitas coisas nesse período, economizando em tudo que podia, mas sempre tomei o cuidado de proteger o meu ***mindset*** de prosperidade. Em nenhum momento me senti pobre ou fracassada, pois ainda tinha saúde e energia para reconquistar tudo novamente e ir muito além. Como disse Henry Ford, "o fracasso é simplesmente a oportunidade de começar de novo, desta vez de forma mais inteligente".

Visitando cidades no interior do estado a trabalho, fazia o translado de uma cidade para outra à noite e de ônibus, para economizar com estadia. Tomava banho em rodoviárias para economizar o dinheiro recebido pela diária, e, assim, pagava minhas dívidas mais rápido. Como afirmou David Bach, autor de *O milionário automático*: "O dinheiro é uma ferramenta, e se usado de forma inteligente, pode criar liberdade". Essa era a minha mentalidade. Como o fluxo de trabalho aumentou consideravelmente, precisei comprar um carro. Pensei em adquirir um Uno, mas meu *mindset* não admitia isso. O espírito de riqueza e abundância nunca saiu de mim.

Meu pai, então, disse: "Minha filha, você merece mais e vai conseguir pagar. Seu pai não tem dinheiro agora, mas até vencer o compromisso de pagar o restante do carro, eu terei e vou te ajudar". Essa frase foi o que eu precisava ouvir para me aventurar na compra parcelada de um Vectra, que na época era quase três vezes mais caro que o Uno, porém gerava mais credibilidade, confiança e conforto nas minhas viagens. Incrivelmente, paguei rapidamente. Meu pai, mais uma vez, se reergueu das cinzas e me ajudou com 15% do valor, pois eu já tinha o dinheiro para honrar o compromisso; uma coisa que nunca tivemos era preguiça de trabalhar. Cada dia eu trabalhava com mais vontade de vencer e minhas entregas eram sempre bem-feitas.

## 4.5. A transição para consultoria financeira

Como eu investia em conhecimento enquanto me empenhava em pagar minhas contas, logo que me organizei financeiramente, já me sentia pronta para ser consultora financeira empresarial. Aos poucos, fui migrando de área e comecei a assumir algumas consultorias empresariais.

Minha carreira como consultora deslanchou. Ao longo dela, fiz milhares de atendimentos empresariais e observei muitos empresários enfrentando a mesma dificuldade que eu tive na minha padaria: gestão familiar sem controle algum. Como disse Peter Drucker, "o que pode ser medido, pode ser gerenciado". Muitos empresários lidavam com o dinheiro de forma desorganizada, sem anotações, o que resultava em falta de recursos nas segundas-feiras para quitar os boletos.

## 4.6. Rumo à capital

Em 2014, decidi fazer uma mudança significativa na minha vida. Saí de Terra Nova do Norte e me mudei para Cuiabá em busca de reconhecimento como consultora empresarial financeira. Naquela época, eu estava determinada a me reinventar e alcançar novos patamares na minha carreira, mesmo sabendo que não seria fácil. Segundo John C. Maxwell, "a mudança é inevitável; o crescimento pessoal é uma escolha". Escolhi crescer, mesmo diante dos desafios.

Para começar essa nova fase, não rejeitava trabalho, abraçava cada oportunidade que aparecia. Como forma de economizar e me estabilizar, fui morar com Gelsi e sua filha Renara, que me acolheram em uma em uma casa alugada no Jardim Shangrila. Dividíamos todas as despesas para reduzir os custos e, assim, conseguir me manter durante esse período de transição. Napoleon Hill afirmou: "O ponto de partida de qualquer conquista é o desejo". E foi exatamente o desejo de vencer que me guiou durante esse período de sacrifício e foco total nos meus objetivos.

Foi uma época de adaptação, desafios e muito aprendizado, mas também foi essencial para me fortalecer profissionalmente e me preparar para as oportunidades que estavam por vir. Essa mudança foi um marco, pois me permitiu expandir meus horizontes, conhecer novos mercados e, acima de tudo, desenvolver e consolidar a minha própria metodologia: "O Poder do Lucro", que viria a se tornar o grande diferencial na minha trajetória. Como Jim Rohn disse: "A disciplina é a ponte entre metas e realizações". E foi através dessa disciplina que consegui transformar desafios em degraus para o sucesso.

**É A PONTE ENTRE METAS E REALIZAÇÕES.**

Jim Rohn

# 5

# A VIRADA COM "O PODER DO LUCRO"

Ao longo da minha jornada como consultora e empresária, percebi algo essencial: não é apenas saber o que precisa ser feito que transforma negócios, mas sim a capacidade de superar crenças limitantes que impeçam a mudança de comportamento necessária para o sucesso. Muitos empresários sabem o que deve ser feito, mas as barreiras emocionais e psicológicas acabam travando o progresso. Como disse Peter Drucker, “a cultura come a estratégia no café da manhã”. Ou seja, sem transformar a mentalidade, qualquer estratégia, por melhor que seja, corre o risco de falhar ou, ainda, nem mesmo chegar a ser executada.

Foi diante dessa constatação que eu decidi ir mais fundo na compreensão dos comportamentos que boicotavam a prosperidade. Para isso, busquei uma especialização em *coaching* e fiz o curso de formação pelo Instituto Brasileiro de *Coaching* (IBC), cuja metodologia, desenvolvida por José Roberto Marques, sempre me fascinou. Nesse processo, tudo começou a se encaixar, e percebi que havia encontrado a peça que faltava para completar minha metodologia. Agora, com uma abordagem ainda mais eficaz, consegui alinhar as questões técnicas e comportamentais, criando uma metodologia que transforma verdadeiramente os negócios e a mentalidade do empresário.

Foi assim que desenvolvi minha metodologia exclusiva: “O Poder do Lucro”. Um dos pilares mais importantes dessa metodologia é a gestão financeira eficiente, que se mostra crucial para o sucesso empresarial. Como destacou Warren Buffett, “o que separa as pessoas bem-sucedidas das outras é a habilidade de gerenciar bem suas finanças”. Entender como o dinheiro flui no negócio, desde a geração de receitas até o controle dos custos e despesas, é fundamental para garantir a saúde financeira de qualquer empresa.

Robert Kiyosaki, autor de *Pai rico, pai pobre*, sempre destacou que “o tamanho do seu sucesso é medido pela força do seu desejo, o tamanho do seu sonho e como você lida com as decepções ao longo do caminho”. Essa visão foi essencial na criação dessa metodologia, projetada para transformar a mentalidade do empresário, moldando uma nova forma de ver o dinheiro, o sucesso e a liderança. Quando os empresários passam a enxergar o dinheiro como uma ferramenta estratégica, e não apenas como um recurso escasso, eles começam a tomar decisões financeiras mais acertadas e focadas em crescimento.

A metodologia vai além das soluções técnicas, abordando também o comportamento do

> **Quando os empresários passam a enxergar o dinheiro como uma ferramenta estratégica, e não apenas como um recurso escasso, eles começam a tomar decisões financeiras mais acertadas e focadas em crescimento.**

empresário e promovendo mudanças profundas no *mindset* financeiro, na forma de engajar pessoas, na valorização de colaboradores, na estratégia de vendas lucrativas e na gestão de recursos. Jim Collins, em seu livro *Empresas feitas para vencer*, destaca a importância da disciplina financeira como um dos fatores essenciais para empresas que se mantêm no topo. Essa abordagem abrangente foi o verdadeiro "pulo do gato" que fez minhas consultorias se tornarem bem-sucedidas e impactantes para inúmeras empresas.

## 5.1. Lucro: a medida do sucesso e da sustentabilidade empresarial

Minha experiência como consultora financeira me ensinou que muitas empresas, principalmente familiares, enfrentam dificuldades para enxergar o lucro de forma clara. Muitos empresários estão focados no operacional e se esquecem que o lucro não é apenas o dinheiro que sobra no final do mês, mas sim a medida da eficiência, da estratégia e da sustentabilidade do negócio.

Como ressaltou Peter Drucker, "lucro é o teste da validade de um negócio". Se a empresa não é capaz de gerar lucro de forma consistente, ela pode estar desperdiçando recursos sem conseguir oferecer valor real aos seus clientes. O lucro, portanto, vai além de ser apenas o objetivo final; ele é um sinal de que as decisões estão sendo bem fundamentadas, os recursos estão sendo utilizados eficientemente e o mercado está respondendo de maneira positiva ao que a empresa oferece.

Eu mesma vivenciei isso na pele. Quando reestruturei minhas finanças e desenvolvi a metodologia "O Poder do Lucro", aprendi que o lucro não é apenas o que "sobra", ele é o resultado de uma série de estratégias bem-sucedidas. Garantir que essas despesas sejam controladas e que os custos sejam otimizados faz parte do processo que ensino aos meus clientes.

Ao longo da minha trajetória, aprendi também que muitos empresários têm uma visão limitada do lucro. Eles o veem como algo a ser alcançado a curto prazo, sem perceber que, como destaca Milton Friedman, "o único propósito social de uma empresa é aumentar seus lucros". Isso significa que o lucro deve ser sustentável e crescente, e não fruto de cortes imediatos ou medidas temporárias que possam prejudicar o futuro da empresa.

Na metodologia "O Poder do Lucro", eu mostro que o lucro não é um acaso, mas sim o resultado de uma boa gestão financeira, estratégica e comportamental. Como afirmou Stephen Covey: "A maneira como vemos o problema é o problema". Ou seja, o lucro está diretamente relacionado à forma como o empresário enxerga e aborda os desafios e oportunidades em seu negócio.

Assim como ele, eu acredito que o lucro está diretamente relacionado ao *mindset* do empresário e à sua capacidade de superar obstáculos e ajustar a sua mentalidade. É preciso ajustar a perspectiva para que, de forma consciente, o empresário possa criar as condições necessárias para o crescimento sustentável e o lucro consistente.

Por fim, o lucro, como afirmava Adam Smith, "é a recompensa pelo risco e pelo esforço empregado". Um empresário que compreende a importância de uma gestão financeira eficaz, que organiza suas finanças e mantém rigoroso controle sobre seus custos, não apenas alcança o lucro de forma sustentável, mas também o faz com um foco claro em seu propósito. Essa abordagem não só possibilita a geração de lucro, como também a construção e a manutenção de um negócio sólido e próspero, capaz de resistir aos desafios do mercado e crescer continuamente. Assim, o lucro se torna não apenas um objetivo, mas também uma consequência natural de uma gestão estratégica e consciente.

## 5.2. A importância do *networking* no mundo dos negócios

Dentro da minha metodologia "O Poder do Lucro", o *networking* estratégico desempenha um papel crucial no crescimento e sucesso empresarial. Desde cedo, compreendi o valor de criar conexões, e ao longo da minha trajetória aprendi que relacionamentos bem cultivados abrem portas e geram oportunidades que, muitas vezes, não surgiriam de outra forma. A *Harvard Business Review* afirma que "a maior parte do sucesso é gerada por meio de conexões e parcerias". O *networking* é mais do que apenas conhecer pessoas, é sobre fortalecer parcerias, acessar novas oportunidades e expandir seu impacto no mercado.

Estabelecer uma rede sólida de contatos amplia suas chances de identificar novas oportunidades de negócios, seja por meio de parcerias, seja por meio de indicações ou de acesso a novos mercados. Como disse Reid Hoffman, cofundador do LinkedIn, "a sua rede é o seu maior ativo".

Uma rede forte contribui para a construção da sua reputação e aumenta a visibilidade da sua marca no mercado. Jeffrey Gitomer ressalta que "as pessoas compram de quem elas conhecem, gostam e confiam"; portanto, o *networking* se torna uma ferramenta poderosa para aumentar sua credibilidade.

Estar conectado a profissionais e empresários permite que você tenha acesso a *insights* e tendências que podem ser fundamentais para a tomada de decisões estratégicas. David Burkus, autor e especialista em liderança, afirma que "as melhores inovações surgem de conexões inusitadas", destacando como o *networking* facilita a troca de experiências e possibilita parcerias de crescimento mútuo.

## 5.3. Minha história: *networking* como chave para o sucesso

Desde criança, aprendi que o *networking* era essencial. Sempre fui muito boa em me relacionar com as pessoas, e essa habilidade foi fundamental ao longo da minha vida e carreira. Quando me mudei para Cuiabá, em 2014, esse dom natural se mostrou ainda mais valioso.

Fui muito bem recebida por pessoas incríveis, e uma delas foi Milena Neris. Ela me abriu várias portas, levando-me a eventos e reuniões importantes, sempre me incluindo em sua rede de contatos. Uma dessas inserções foi no grupo de "empretecos" do qual ela fazia parte. Embora eu já fosse "empreteca", não fazia parte daquele grupo específico, mas Milena me integrou de forma generosa.

Essa conexão foi decisiva para o início da minha carreira como consultora empresarial financeira em Cuiabá. Por meio dessa rede, surgiu meu primeiro contrato de consultoria particular com a Farmácia Criativa, da empresária Virginia Gonçalves. O início do contrato foi modesto, com um valor simbólico e o compromisso de que, se eu trouxesse resultados, o contrato seria renovado e os valores reajustados. Aceitei o desafio e, ao longo de dois anos e meio, ajudei a empresa a crescer significativamente.

Minha relação com Virginia foi além dos negócios, nos tornamos amigas e irmãs de coração. Um contrato que inicialmente seria de apenas quatro meses se estendeu por anos, provando que, como Zig Ziglar dizia, "você pode ter tudo o que quer na vida, contanto que ajude as outras pessoas a conseguirem o que elas querem". Quando você entrega resultados e mantém um bom relacionamento, as portas continuam a se abrir.

Virginia, satisfeita com o meu trabalho, me indicou para o dr. Diogo Tadeu, um renomado médico. Ele se tornou meu segundo cliente particular em Cuiabá. Inicialmente, firmamos um contrato de seis meses, mas, novamente, devido aos resultados alcançados, o contrato foi renovado várias vezes e permaneci prestando consultoria financeira para sua clínica por quase quatro anos.

Foi nesse ambiente da Farmácia Criativa que conheci a farmacêutica Jaqueline Campelo, que se encantou com minha abordagem na consultoria. Sua confiança em meu trabalho levou-a a me indicar para diversos médicos com os quais tinha contato, ampliando ainda mais meu alcance e consolidando minha reputação no mercado.

O *networking* não apenas gera novas oportunidades, mas também constrói relações duradouras e cria indicações que multiplicam o alcance e o impacto do seu trabalho. Como Jim Rohn sabiamente afirmou, "você é a média das cinco pessoas com quem mais convive", ressaltando a importância de se cercar de uma rede forte e influente.

## 5.4. O despertar para as redes sociais e consultorias on-line: um novo horizonte no mundo dos negócios

O dr. Diogo sempre foi um pioneiro, sempre esteve à frente do seu tempo quando se tratava de novas tecnologias, inovação e o universo empresarial. Sua visão e entusiasmo me inspiraram a dar um passo crucial na minha carreira: migrar para as redes sociais e explorar o potencial das consultorias on-line. Naquela época, eu estava completamente fora da minha zona de conforto, mal sabia como funcionavam as redes sociais e não conseguia enxergar o impacto real que elas poderiam ter no meu negócio. Foi quando o dr. Diogo me disse algo que mudou minha visão completamente: "Sua metodologia precisa chegar a mais e mais pessoas e empresas. Vou ajudar você a iniciar esse trabalho na internet".

Com o incentivo e o apoio dele, meu nome começou a ganhar visibilidade no Google. Ele me guiou para garantir que eu estivesse nas primeiras páginas quando alguém pesquisasse sobre mim. E não parou por aí; também criou e gerenciou minhas páginas empresariais no Facebook e no Instagram. Inicialmente, me apresentava como Camila Rossi *Coach* Financeira e, mais tarde, como Camila Rossi Consultoria. Apesar do grande salto que estava dando, eu carregava uma crença limitante: não acreditava que consultorias on-line poderiam oferecer o mesmo impacto que as presenciais.

O dr. Diogo, com sua habilidade para desafios, me surpreendeu de uma forma que jamais esquecerei. Em uma visita à clínica para uma consultoria presencial, ele fez um pedido que me pegou de surpresa: "Só farei a consultoria com você se for on-line. Volte para casa, gere o *link* da reunião e me envie".

Naquele momento, meu coração disparou e pensei: "SOCORRO, DEUS!". A ideia de conduzir uma consultoria on-line era assustadora e eu estava totalmente fora da minha zona de conforto em uma modalidade de trabalho impensável para mim até ali, mas, como sempre, enfrentei o desafio com coragem. Voltei para casa, segui as instruções dele e gerei o *link* da reunião.

Aquela foi a minha primeira consultoria on-line com a metodologia "O Poder do Lucro", que começava a ganhar corpo. A experiência foi transformadora e abriu portas para um futuro em que pude expandir meus horizontes e impactar um número muito maior de empresas e empresários. Sou imensamente grata ao dr. Diogo Tadeu por ter acreditado em mim e por me ter introduzido no mundo digital.

Essa jornada foi essencial para ampliar a presença da minha metodologia nas redes e fortalecer a estratégia digital que hoje é vital para o sucesso das minhas consultorias. Cada desafio enfrentado e cada nova oportunidade criada foram passos importantes para transformar minha carreira e levar "O Poder do Lucro" a um público muito maior.

## 5.5. Da crítica ao triunfo: como a persistência transformou minha jornada

Quando comecei a me aventurar nas redes sociais, a emoção estava a mil, mas logo a realidade me deu um banho de água fria. Era como se eu tivesse aberto a caixa de Pandora: críticas surgiram de todos os lados, desde os detalhes mais banais, como a minha forma de vestir e falar, até questões mais profundas, como quem era eu para orientar empresários. Pessoas que eu considerava amigas tentavam me desmotivar, dizendo que eu estava apenas me expondo e que nunca iria a lugar nenhum.

A verdade é que, mesmo com o apoio inicial do dr. Diogo, enfrentar esse mar de críticas foi desafiador. As palavras afiadas se tornaram um fardo, mas também uma chama que queimava em meu coração, lembrando-me da determinação que vinha da minha herança. Filha de Nereu Rossi e Margarete Fátima Rossi e com o apelido de "leoa", a resposta a essa situação era óbvia: eu encararia o desafio de frente.

Confesso que cada palavra, cada gesto e cada *feedback* negativo me marcaram profundamente.

Porém, em vez de desistir, transformei essas críticas em combustível para melhorar. Como Ralph Waldo Emerson sabiamente disse: "A vida é uma sucessão de lições que devem ser vividas para serem compreendidas". Se algo fazia sentido, eu aprimorava; o que não fazia sentido, deixava de lado. Percebi que muitas pessoas ao meu redor não desejavam meu crescimento; elas preferiam que eu permanecesse pequena, igual a elas.

Eu encaro a vida e os problemas de frente. Se a forma como eu fazia algo estava errada, a solução era corrigir e seguir em frente. E foi exatamente isso que fiz. Corri atrás de melhorias, mergulhei em estudos e busquei aprender mais, mesmo lutando para economizar em Cuiabá, onde o custo de vida não era nada barato. Comecei a ler mais livros e estabeleci metas diárias de leitura. Fui atrás de uma consultora de imagem para ajudar a melhorar meu visual e transmitir mais confiança e credibilidade. Mesmo com um orçamento apertado, mantive uma mentalidade positiva e contratei minha primeira *personal stylist*.

Com seu talento e *expertise*, mesmo com recursos limitados, a profissional conseguiu transformar minha identidade de menina para mulher, aprimorando minha aparência e, consequentemente, minha confiança. Esse processo foi um verdadeiro marco na minha vida e carreira.

Nunca me vitimizei; apenas usei cada obstáculo como uma chance para evoluir. Minha humildade, coragem e resiliência foram os pilares que sustentaram minha jornada. Cada passo, cada desafio e cada crítica me tornaram mais forte e mais determinada a triunfar.

Com o tempo, as críticas foram se dissipando e o que restou foi o reconhecimento de um trabalho bem-feito, resultado da persistência e da vontade de nunca parar de crescer. Mahatma Gandhi dizia: “Força não provém da capacidade física. Provém de uma vontade indomável”. Seja enfrentando a adversidade ou abraçando a mudança, minha história é um testemunho de que a coragem e a dedicação podem transformar qualquer desafio em uma grande conquista.

Sempre que enfrento um desafio, sinto como se o universo estivesse me oferecendo uma oportunidade de brilhar ainda mais, e eu nunca deixo uma chance passar!

## 5.6. Da ousadia ao estrelato digital: como abraçar desafios pode transformar vidas

Sempre que surge um desafio, vejo-o como uma chance de brilhar e me destacar. Resiliência e superação são alguns dos pontos abordados na minha metodologia.

Na clínica onde prestava consultoria, o dr. Diogo era um farol de inovação e conexões valiosas. Eu sabia que Marimar Michells, esposa do empresário e jornalista André Michells, e alguns repórteres do site *Repórter MT* frequentavam a clínica. Corri atrás do dr. Diogo e pedi que mencionasse meu nome a eles, além de solicitar uma chance de dar uma entrevista no site.

Eu estava em busca de qualquer brecha que pudesse me levar a um novo patamar. Demorou um pouco, mas, um belo dia, uma pessoa do *Repórter MT*, um renomado portal de notícias do estado, entrou em contato comigo, falando que surgiu uma pauta sobre finanças, porém não era da área empresarial, mas de finanças pessoais.Disse que eles estavam procurando um especialista e se lembraram de mim. Finanças pessoais não eram meu foco; eu queria falar sobre finanças empresariais e sobre a minha metodologia "O Poder do Lucro", mas não podia recusar o convite e perder a oportunidade de eles conhecerem o meu trabalho, então, em vez de recusar, encarei a oportunidade como um desafio a ser vencido e aceitei o convite sem hesitar.

Imagine o meu nervosismo! A minha primeira entrevista. Foi um turbilhão de emoções, ansiedade e euforia se misturado em um sentimento maravilhoso de que mais portas estariam se abrindo. Após a reportagem, tive a sensação de ter enfrentado o desafio de frente e saído vitoriosa; foi indescritível. Foi como pular de um trampolim para um rio desconhecido, mas com a certeza de que eu sabia nadar.

E, para minha surpresa, esse foi apenas o começo. Após minha estreia, convites começaram a brotar de todos os cantos. Além de para o *Repórter MT*, passei a dar entrevista para outras mídias digitais. Eu me tornei a "figurinha repetida", presença constante em qualquer noticiário sobre finanças pessoais e empresariais. As críticas que antes me desafiavam se transformaram em aplausos e novas oportunidades.

Eu estava radiante, vibrando com a paixão do que fazia. Cada nova entrevista era uma chance de mostrar ao mundo a coragem e a determinação que eu carregava. Não era apenas sobre estar nas mídias; era sobre provar que eu podia enfrentar qualquer desafio e transformar cada dificuldade em uma conquista brilhante, e isso eu ensino na minha metodologia "O Poder do Lucro".

**Foi como pular de um trampolim para um rio desconhecido, mas com a certeza de que eu sabia nadar.**

As câmeras e os microfones passaram a ser uma extensão natural da minha rotina. A cada nova reportagem, eu me sentia mais realizada e mais confiante, e cada novo convite era uma confirmação de que eu estava no caminho certo. A emoção de ver o meu trabalho ganhar reconhecimento e a alegria de ter superado as adversidades foram o combustível que me impulsionaram a seguir em frente.

Então, se algum dia você se deparar com um desafio que parece maior do que pode enfrentar, desejo que algumas dessas passagens que contei da minha vida possam inspirá-lo(a). É enfrentando os desafios com coragem e abraçando cada oportunidade que conseguimos brilhar e alcançar o sucesso. E eu, definitivamente, não deixei passar a chance de transformar desafios em triunfos e de mostrar ao mundo o quanto eu podia brilhar.

## 5.7. De entrevistada a colunista do site *Repórter MT*: o convite que transformou minha trajetória

Quando recebi o convite para a minha primeira entrevista com o *Repórter MT*, eu estava cheia de nervosismo e expectativas. Aceitei o desafio de mergulhar em um campo que não era exatamente meu foco – finanças pessoais – com a coragem e a ousadia que sempre foram minha marca registrada. A entrevista foi um sucesso, e o que parecia ser um simples passo na minha jornada se transformou em uma oportunidade incrível.

Mas a verdadeira virada aconteceu alguns meses depois, quando fui convidada para uma reunião com André Michells, o visionário idealizador e dono do site *Repórter MT*. A reunião foi uma mistura de ansiedade e empolgação – uma chance de discutir o futuro e explorar novas possibilidades.

Durante nossa conversa, André fez uma proposta que me deixou sem palavras. Ele não queria apenas que os jornalistas me entrevistassem; ele queria algo muito mais impactante. A oferta era para eu ter meu próprio espaço no site, um quadro exclusivo chamado "Rico com Camila". Esse nome surgiu da ideia de uma grande amiga e excelente publicitaria, Paula Brueh, que numa reportagem comentou “quero ser rica com Camila”, e o nome pegou; mudei, inclusive, minhas redes sociais de Camila Rossi Consultoria para Rico com Camila.

O entusiasmo tomou conta de mim e, sem pensar duas vezes, aceitei a proposta. Foi um momento de pura adrenalina. André Michells e o *Repórter MT* não só abriram portas para mim, mas também me proporcionaram uma plataforma para compartilhar meu conhecimento e impactar um público ainda maior. A oportunidade de ter um quadro próprio no site foi mais do que uma conquista profissional, foi uma validação da minha trajetória e da minha paixão pela consultoria financeira, além de atingir o meu objetivo de alcançar mais pessoas.

O nome do quadro, “Rico com Camila”, reflete a jornada de crescimento e sucesso que eu e os meus clientes experimentamos e a concretização da parceria e do apoio inabalável que recebi de André Michells e do *Repórter MT*. É um lembrete constante de como uma oportunidade pode transformar não apenas uma carreira, mas também a vida de todos os envolvidos.

A gratidão que sinto é imensa. Eles não só me deram uma chance de brilhar, mas também contribuíram significativamente para meu crescimento e sucesso profissional.

Essa história é um exemplo de que se aliar às pessoas certas pode facilitar a atingir os seus objetivos e torna possível ir muito mais longe do que você iria sozinho.

### 5.8. Início das gravações do quadro "Rico com Camila" no *Repórter MT*: encarando desafios de frente

Com uma mistura de empolgação e nervosismo, comecei a preparar meu primeiro vídeo para o *Repórter MT*. O site já era renomado no estado, e eu estava prestes a iniciar uma nova e emocionante fase com o meu próprio quadro: "Rico com Camila".

Marquei meu encontro com a produtora do quadro, a jornalista Márcia Mattos, que até hoje é responsável pelo meu quadro no site. A expectativa estava nas alturas, e a ansiedade era palpável. Ao chegar no estúdio, fui recebida por Márcia e apresentada ao Aldair, conhecido como Gordo, apelido de infância, que era o responsável pelas gravações.

O Gordo, com seu jeito reservado e extremamente profissional, era bem diferente do que eu esperava. Sua postura séria e meticulosa criou um ambiente mais formal e desafiador, mas como sempre, eu estava pronta para encarar qualquer desafio, nunca tive medo de dar a cara a tapa, e naquele momento não seria diferente.

Enquanto ele me apresentava o estúdio e os equipamentos de gravação, eu me mantinha focada e determinada. A seriedade com que o Gordo conduzia seu trabalho aumentava minha vontade de mostrar o meu melhor, mesmo diante de um cenário inicialmente intimidante.

Cada passo dessa jornada, desde o nervosismo inicial até o momento das gravações, foi prova da minha coragem e determinação e do poder da minha metodologia. O início das gravações do quadro foi mais do que um marco na minha trajetória profissional, foi a reafirmação de que, enfrentando os desafios de frente, eu estava pronta para transformar essa oportunidade em algo grandioso e impactante.

## 5.9. A jornada da superação: transformando erros em oportunidades

Nas primeiras gravações do quadro "Rico com Camila", os erros foram inevitáveis e frequentes. O

Gordo, que era o cinegrafista, e a Márcia Mattos, que era a responsável pelas pautas, foram essenciais nesse processo, mas foi com o Gordo que vivi a verdadeira imersão nos desafios. Seu papel não se limitava à câmera; ele se tornou meu diretor informal, lidando com as dificuldades das gravações ao meu lado.

Desde o início, estabeleci um princípio claro: eu estava aberta a receber *feedbacks* sinceros e construtivos. Sabia que meus primeiros vídeos estavam longe de ser perfeitos e que, para melhorar, precisaria de prática constante.

Rapidamente, as críticas por parte de pessoas próximas começaram a ecoar na minha cabeça, muitas vezes carregadas de maldade e inveja, o que não me surpreendeu. Novamente, algumas pessoas, principalmente aquelas próximas a mim, tentavam me desmotivar, na esperança de que eu desistisse dos meus sonhos, mas em vez de me deixar abater, essas críticas se transformaram em combustível para minha resiliência.

Encarei cada desafio com uma determinação inabalável e uma coragem renovada. Procurei ajuda e me aproximei do Gordo, cuja inteligência e postura profissional eu admirava profundamente.

Pedi a ele que fosse absolutamente honesto sobre minhas falhas, que não hesitasse em me dizer a verdade nua e crua. Sempre respeitei *feedbacks* de quem realmente entende do assunto e sabia que esse nível de franqueza era essencial para meu crescimento.

Como disse Nelson Mandela: "Eu nunca perco. Ou eu ganho, ou aprendo". O Gordo, com seu estilo direto e sem rodeios, tornou-se uma peça fundamental na minha evolução. Seus comentários eram francos e, por vezes, intensos, mas sempre com um toque de humor que ajudava a suavizar a tensão. Eu estava pronta para ouvir, aprender e melhorar a cada gravação, sabendo que minha jornada de aprendizado estava apenas começando.

O sucesso não se constrói apenas com resultados; ele é forjado na resiliência, na humildade para aceitar críticas e no foco para se aprimorar continuamente. Enfrentei cada desafio com coragem, transformando erros em oportunidades de crescimento. Cada *feedback* e cada ajuste foram passos cruciais na minha trajetória, demonstrando que a verdadeira realização vem do compromisso incessante com a melhoria pessoal e profissional.

# 6

# PERSISTÊNCIA EM AÇÃO: SUPERANDO FRACASSOS

Apesar dos desafios, meu trabalho off-line prosperava cada vez mais, mas eu sabia que para alcançar o sucesso completo precisava consolidar minha presença nas redes sociais. Determinada a me tornar uma autoridade nesse meio, comecei a gravar cursos e me aventurar com lançamentos digitais. Procurei diversos profissionais e investi em várias estratégias, mas, surpreendentemente, os cursos não deslancharam como eu esperava.

Enfrentei uma série de fracassos e contratempos, mas desistir nunca foi uma opção. Cada lançamento sem sucesso apenas alimentava minha determinação. Eu sabia que a persistência era a chave, e foi isso que me manteve em movimento, procurando novas abordagens e aprendendo com cada desafio. Minha jornada nas redes sociais foi marcada por várias tentativas, mas a vontade de vencer e a crença na minha missão nunca vacilaram.

## 6.1. Transformação e renovação: da metamorfose à maestria empresarial com a metodologia "O Poder do Lucro"

Como uma profissional ativa nas redes sociais, dedicada a transformar empresas em verdadeiros exemplos de lucratividade com a metodologia "O Poder do Lucro", eu compreendi que a evolução contínua era essencial para manter a relevância no mercado. Sempre estive comprometida com minha missão e pronta para adaptar minha abordagem às tendências e melhores práticas emergentes.

Foi nesse espírito de busca incessante por inovação que decidi implementar uma profunda repaginação dos meus negócios. O primeiro passo dessa jornada foi contratar uma renomada especialista em *branding*. Sua missão foi não apenas atualizar, mas transformar completamente minha marca. Ela redesenhou as cores, o logotipo, minha postura e meu estilo de me apresentar; uma verdadeira revolução na minha imagem e postura profissional.

Estava preparada para essa nova fase, disposta a ousar e inovar. Assim como uma borboleta passa por um processo de metamorfose para revelar sua forma mais bela, eu também passei por uma transformação profunda. Essa mudança não foi meramente estética; ela refletiu uma renovação essencial em todos os aspectos da minha vida e carreira. Não houve resistência ao que não fazia mais sentido, o que realmente importava era a minha missão e propósito de vida. Se isso significava reconstruir, mudar de rota ou traçar novos planos, estava pronta para fazer o que fosse necessário.

Essas mudanças foram disruptivas e tiveram um impacto visível nas minhas redes sociais. Cada elemento da minha nova identidade foi cuidadosamente planejado para refletir não apenas a minha imagem atual, mas também meu compromisso com a inovação e a excelência. Essa jornada de transformação não é apenas sobre uma nova aparência, é um testemunho da minha dedicação em me reinventar continuamente, assim como a borboleta que se transforma em sua forma mais deslumbrante. Naquele momento, eu estava pronta para enfrentar novos desafios e mostrar ao mundo a minha melhor versão.

Graças a Deus, eu realmente estava preparada, pois, logo que comecei a me destacar, surgiram os *haters*. E não foram poucos. A inveja e o desejo de diminuir o sucesso alheio são realidades que muitos enfrentam, e eu não fui exceção. Um deles chegou a criar uma página *fake* intitulada “Pobre com Camila“, em uma clara tentativa de depreciar o nome do meu canal, Rico com Camila. Esse *hater* passou a me perseguir incansavelmente nas redes sociais, tentando manchar minha imagem e denegrir tudo o que eu havia construído com tanto esforço.

Napoleão Bonaparte disse certa vez: "A inveja é uma declaração de inferioridade", e eu vi, na prática, como isso é verdade. Da mesma forma, o escritor francês Victor Hugo afirmou: "Quem se destaca, incomoda". Essas palavras ecoavam em minha mente conforme as críticas aumentavam. Pessoas incapazes de suportar o sucesso dos outros se revelavam nos ataques maldosos, criando mentiras e espalhando boatos. Mas sabe o que isso me ensinou? Quanto mais forte eu me tornava, mais resistência eu enfrentava. E, como uma leoa, encarei cada golpe com garra, determinação e resiliência inabalável.

Nada disso me desestabilizou. Segui firme, sabendo que meu propósito era maior do que qualquer difamação ou campanha de ódio. A verdade é que as pessoas só jogam pedras em árvores que dão frutos. Para cada crítica que surgia, eu ganhava mais força, mais coragem e mais convicção de que estava no caminho certo. Hoje, olhando para trás, percebo que esses momentos foram cruciais para moldar a minha jornada de sucesso.

Por esses e outros motivos, a minha metodologia "O Poder do Lucro" engloba três pilares fundamentais: ser persistente, disciplinado e focado. Acredito firmemente que, quando sabemos o que queremos, nada nem ninguém nos tira do caminho. Obstáculos, críticas e até perseguições são apenas etapas do processo. A chave está em manter a visão clara, seguir em frente com determinação e nunca se deixar abalar pelas vozes que tentam nos derrubar.

Além disso, meu temperamento é colérico, e um verdadeiro colérico, quando apanha, bate. Cada desafio que enfrentei não serviu para me derrubar, mas sim para me fortalecer e reagir com ainda mais intensidade. Se a vida tentou me atingir, eu devolvi com a mesma força, pronta para continuar crescendo e conquistando. Com Deus do meu lado, nada me detém.

A VERDADE É QUE AS PESSOAS SÓ JOGAM PEDRAS EM ÁRVORES QUE DÃO FRUTOS. PARA CADA CRÍTICA QUE SURGIA, EU GANHAVA MAIS FORÇA, MAIS CORAGEM E MAIS CONVICÇÃO DE QUE ESTAVA NO CAMINHO CERTO. HOJE, OLHANDO PARA TRÁS, PERCEBO QUE ESSES MOMENTOS FORAM CRUCIAIS PARA MOLDAR A MINHA JORNADA DE SUCESSO.

# 7

# TRANSFORMANDO EXPERIÊNCIAS NA METODOLOGIA: O PODER DO LUCRO

Após toda a minha trajetória, desde os desafios enfrentados na minha primeira empresa, passando pela construção da minha carreira como consultora e empresária, até a transformação pessoal e profissional que experimentei, percebi que o caminho para o sucesso não é feito de atalhos, mas de um processo estruturado e constante de evolução. Cada obstáculo que superei, cada crítica que enfrentei e cada mudança que abracei se tornaram partes fundamentais da metodologia que desenvolvi.

Essa metodologia é o reflexo de tudo o que vivi. Assim como eu passei por uma metamorfose para me tornar a empresária que sou hoje, as empresas também precisam de uma transformação profunda para atingirem a excelência. Por isso, criei um passo a passo prático, baseado na minha experiência real e no conhecimento profundo de gestão empresarial, para ajudar empresários a sair do operacional e se tornarem líderes estratégicos, levando seus negócios a um crescimento sustentável e altamente lucrativo.

Como disse Henry Ford, "o fracasso é simplesmente a oportunidade de começar de novo, desta vez de forma mais inteligente". Assim, cada erro e desafio que encontrei ao longo do caminho não foram tropeços, mas degraus para construir algo maior.

Agora, é hora de compartilhar com você ainda mais detalhes dessa metodologia, que já mudou a trajetória de tantas empresas, assim como a minha história. O Poder do Lucro é construído sobre princípios de planejamento, organização financeira, *networking*, presença digital, *mindset* de sucesso, valorização das pessoas, liderança, foco, persistência e disciplina para resultados extraordinários.

## 7.1. Mas o que é lucro?

Quando falamos de lucro, muitos pensam exclusivamente no retorno financeiro imediato, aquela diferença entre o que se gasta e o que se ganha, mas o lucro vai muito além disso. Ele é o verdadeiro termômetro da saúde de uma empresa, a consequência de uma gestão eficiente e um indicador de sucesso no longo prazo. Como Peter Drucker, considerado o pai da administração moderna, disse: “O lucro não é a explicação, a causa ou a razão do comportamento empresarial e decisões. O lucro é o teste de validade daquilo que fizemos”.

Em outras palavras, é o resultado de uma série de ações estratégicas bem executadas, e não apenas uma meta isolada. É um reflexo direto da eficiência com que um negócio é gerido. Lucro não se limita a ganhos financeiros imediatos. Ele também pode ser medido em termos de crescimento sustentável, satisfação dos clientes e até mesmo de valorização da marca.

Dentro da metodologia "O Poder do Lucro", entendo o lucro como um indicador de crescimento contínuo e sustentável. Isso significa que lucro não é apenas o que entra na conta da empresa no fim do mês. O verdadeiro lucro está em ter um negócio capaz de se manter competitivo, inovador e sempre à frente. Como já disse Warren Buffett: "O preço é o que você paga. O valor é o que você recebe". No meu método, o lucro se baseia na criação de valor de longo prazo.

## 7.2. Lucro como resultado de persistência, disciplina e foco

Dentro da minha metodologia "O Poder do Lucro", o lucro também é o resultado direto de três pilares fundamentais: persistência, disciplina e foco. Sem esses elementos, dificilmente uma empresa alcançará a lucratividade desejada. O lucro é construído a partir da consistência em fazer as coisas certas, de maneira planejada e com a visão clara de aonde se quer chegar.

*Persistência* é fundamental, porque sabemos que o caminho do empreendedorismo é cheio de desafios e obstáculos. É preciso continuar avançando mesmo quando as condições não são ideais, porque o lucro não é instantâneo, ele é construído ao longo do tempo.

A *disciplina* entra na questão do controle financeiro, na organização dos processos internos e no planejamento estratégico. Empresas que falham em ter disciplina, especialmente na área financeira, acabam comprometendo seus lucros no médio e longo prazo. Como já foi dito por Jim Rohn: "A disciplina é a ponte entre metas e realizações". O lucro é o reflexo dessa disciplina constante.

Já o *foco* é o que permite que o empreendedor mantenha sua visão firme, mesmo diante de distrações ou crises. O foco no resultado, mas também na jornada, garante que cada passo dado esteja alinhado com os objetivos maiores da empresa. Afinal, como disse Stephen Covey, "o mais importante é manter o mais importante o mais importante". Sem foco, o lucro se dilui.

## 7.3. Lucro: mais que dinheiro, é crescimento

Dentro do contexto de “O Poder do Lucro”, também gosto de reforçar a ideia de que o verdadeiro lucro não se resume apenas ao financeiro. Ele se reflete no crescimento pessoal do empreendedor, na satisfação da equipe e no impacto positivo que o negócio gera na vida de seus clientes. Empresas que têm lucro apenas no papel, mas não conseguem proporcionar bem-estar, inovação ou satisfação, estão fadadas ao declínio.

Por isso, meu método integra, além das estratégias financeiras, a valorização das pessoas, o engajamento da equipe e a padronização de processos como parte de uma gestão eficaz e lucrativa. O lucro, nesse sentido, é um equilíbrio entre o retorno financeiro e, o bem-estar organizacional e a prosperidade em todos os seus aspectos. Empresas que apenas focam em cortar custos e maximizar ganhos, sem olhar para os aspectos humanos e estratégicos, acabam perdendo no longo prazo.

Como reflete uma frase clássica de Henry Ford: “Um negócio que não produz nada além de dinheiro é um negócio pobre”. O Poder do Lucro se baseia em criar um negócio rico em todos os aspectos: financeiro, humano e estratégico. Esse é o verdadeiro significado de lucro para mim.

## 7.4. Desmistificando as finanças corporativas

As finanças corporativas, muitas vezes, vistas como um labirinto de números e termos complexos, são, na verdade, a chave para a gestão eficaz e o crescimento sustentável de qualquer negócio. Esse segmento busca revelar os conceitos essenciais das finanças, tornando-os acessíveis e aplicáveis ao cotidiano empresarial. Compreendendo esses princípios, gestores e empresários podem tomar decisões mais informadas, focando a maximização do valor da empresa e na prosperidade no longo prazo.

No entanto, muitos empresários desenvolvem uma *aversão ao controle financeiro*, evitando olhar para os números por medo de lidar com uma realidade que pode parecer incômoda. Crenças limitantes, como "Números são complicados", "Não sou bom em finanças" ou até mesmo "O importante é vender, o resto se ajeita", acabam sabotando a organização financeira da empresa.

Minha própria experiência reflete esse cenário. Quando abri minha primeira padaria, ainda jovem, acreditava que anotar tudo que entrava e saía era perda de tempo. Eu pensava: "Por que vou perder tempo anotando? Se sobrar dinheiro no caixa, tive lucro. Se faltar, tive prejuízo". Esse era o meu pensamento naquela época, e não foi à toa que o negócio faliu. Sem o controle detalhado das entradas e saídas, eu nunca sabia exatamente como as finanças estavam de fato, e isso me impedia de tomar decisões corretas e estratégicas. Só depois de passar por essa experiência, entendi que a *falta de controle financeiro* foi o principal fator que levou à falência do meu primeiro negócio.

Outro exemplo: um cliente, que aqui chamaremos de João, dono de um grupo de empresas de prestação de serviços, sempre acreditou que o sucesso do negócio dependia exclusivamente de sua habilidade em atrair clientes e vender cada vez mais, sem pensar no custo da operação. Ele evitava olhar para os relatórios financeiros; na verdade, sequer tinha relatórios financeiros. Mesmo com quatro empresas e um faturamento de milhões, João ainda geria tudo em simples planilhas de Excel, sem nenhum controle eficiente ou gestão financeira consolidada.

Desorganizado, mas lucrativo inicialmente, João conseguiu construir um verdadeiro império no setor em que atuava. No entanto, essa *falta de controle* sobre as finanças fez com que ele não percebesse que as margens de lucro não acompanhavam o crescimento das vendas e o crescimento exagerado das despesas. Ele operava sob a crença de que “quanto mais vendesse, mais lucraria”, mas sem uma visão clara dos custos e sem planejamento. Assim, João começou a entrar em um *ciclo de endividamento*. Ele investia sem critério, acreditando que o volume de vendas resolveria tudo, mas sem uma gestão adequada dos recursos e sem análises financeiras, a situação piorou.

Quando a “maré subiu”, ou seja, quando o mercado começou a ficar mais competitivo e os custos aumentaram, João viu seu patrimônio se dilapidar rapidamente. Ele percebeu que, apesar de ter construído algo grande, sua gestão desorganizada colocava tudo em risco. Quando percebeu que a “água já estava no pescoço”, com dívidas crescentes e uma crise de liquidez, ele procurou ajuda por meio da mentoria pela metodologia “O Poder do Lucro”.

Através da mentoria, João finalmente passou a analisar os *indicadores-chave de desempenho (KPIs)* e teve acesso a ferramentas que lhe permitiram visualizar claramente os fluxos de caixa, as margens de lucro e os custos operacionais. Com essas novas informações, ele iniciou a reestruturação de suas finanças e implementou processos robustos para garantir um crescimento sustentável. O resultado foi uma virada extraordinária: o que antes parecia um império à beira do colapso, transformou-se em um negócio lucrativo e organizado, no qual cada decisão financeira era tomada de forma estratégica.

Esse exemplo do João mostra como a falta de controle financeiro pode destruir até mesmo negócios de grande porte e como a implementação de uma metodologia sólida, como "O Poder do Lucro", pode não só salvar uma empresa da crise, mas também proporcionar um crescimento sustentável no longo prazo.

> **O resultado foi uma virada extraordinária: o que antes parecia um império à beira do colapso, transformou-se em um negócio lucrativo e organizado, no qual cada decisão financeira era tomada de forma estratégica.**

A base das finanças corporativas gira em torno da *otimização da estrutura de capital* da empresa, equilibrando dívida e patrimônio para financiar suas operações e expandir seus negócios. Esse equilíbrio é crucial para minimizar o custo do capital e, ao mesmo tempo, maximizar o retorno sobre o investimento para os sócios. Além disso, uma análise profunda dos fluxos de caixa operacionais, de investimento e de financiamento permite que as empresas planejem melhor suas necessidades financeiras futuras, garantindo liquidez e segurança.

Trago aqui mais um exemplo, da cliente que vou chamar de Ana. Como uma empresária do ramo de moda, ela sempre acreditou que o segredo do sucesso estava em seguir sua paixão e sua intuição. Para ela, números eram "frios demais" e, devido a isso, deixava de acompanhar seus custos e margens de lucro. Essa crença limitante quase levou sua empresa à falência, pois, apesar de estar sempre com a loja cheia, a falta de controle financeiro fez com que o negócio operasse no vermelho. Após participar de um ***workshop*** baseado na metodologia "O Poder do Lucro", Ana compreendeu a importância de equilibrar sua visão criativa com o controle rigoroso dos números. Hoje, ela acompanha de perto cada indicador financeiro e, como resultado, sua marca está em franco crescimento.

Outro aspecto fundamental é a avaliação de investimentos por meio de ***análises de viabilidade econômica***, que incluem ferramentas como o Valor Presente Líquido (VPL) e a Taxa Interna de Retorno (TIR). Essas técnicas permitem identificar quais projetos trarão o maior retorno ajustado ao risco para a empresa. Da mesma forma, a gestão de riscos financeiros se destaca como um dos pilares centrais, abrangendo estratégias de cobertura contra flutuações cambiais, diversificação do portfólio de investimentos, entre outros.

> O objetivo da gestão financeira é maximizar o valor da empresa para seus acionistas. Para isso, é fundamental realizar avaliações rigorosas de investimentos, considerando tanto o potencial de retorno quanto os riscos envolvidos (Aswath Damodaran, professor de finanças na ***NYU Stern School of Business*** e autor de livros sobre avaliação de empresas e finanças corporativas)

# O OBJETIVO DA GESTÃO FINANCEIRA É MAXIMIZAR O VALOR DA EMPRESA PARA SEUS ACIONISTAS.

# 8

# METODOLOGIA "O PODER DO LUCRO" E AS FINANÇAS CORPORATIVAS

Na metodologia "O Poder do Lucro", a clareza financeira e a otimização de processos financeiros são colocadas em primeiro plano. Este método capacita os líderes empresariais a aplicarem estratégias eficazes para gerenciar fluxos de caixa, tomar decisões de investimento e mitigar riscos, resultando em lucros crescentes e sustentáveis.

> Quando você entende que as finanças da sua empresa não são apenas números em um papel, mas sim o reflexo das suas decisões, você passa a ser o verdadeiro dono do seu destino empresarial. (Camila Rossi)

Ao integrar os conceitos das finanças corporativas à metodologia "O Poder do Lucro", o empresário é capacitado não só a alcançar metas financeiras, mas também a garantir que cada decisão estratégica esteja alinhada com a missão e a visão da empresa, promovendo uma cultura na qual a saúde financeira é responsabilidade de todos.

Segue outro exemplo de cliente, que aqui vou chamar de Carlos, o CEO de uma *startup* de tecnologia que evitava qualquer tipo de controle financeiro detalhado. Ele acreditava que, em um mercado em crescimento, a prioridade era "crescer rápido" e "cuidar das finanças depois". No entanto, quando sua empresa começou a enfrentar problemas de liquidez, ele percebeu que o crescimento descontrolado sem olhar para os indicadores financeiros o estava levando a sérios problemas. Após implementar a metodologia "O Poder do Lucro", ele passou a revisar regularmente fluxos de caixa e resultados financeiros, transformando a saúde financeira de sua *startup* e garantindo seu sucesso no longo prazo.

Assim, ao desmistificar as finanças corporativas e aplicar a metodologia "O Poder do Lucro", os empresários podem transformar suas empresas, criando um ciclo contínuo de crescimento e prosperidade. Longe de ser apenas uma prática contábil, as finanças corporativas tornam-se parte integrante da estratégia global do negócio.

## 8.1. A importância do diagnóstico inicial empresarial

### *8.1.1. Diagnóstico financeiro e estratégico*

De acordo com Idalberto Chiavenato, em seu livro *Administração: teoria, processo e prática*, o diagnóstico financeiro envolve uma análise profunda dos aspectos econômicos e financeiros de uma empresa, com o objetivo de identificar sua eficiência, solvência e lucratividade. Já o diagnóstico estratégico expande essa análise, avaliando se as estratégias adotadas estão adequadamente alinhadas com os objetivos de longo prazo da empresa. Segundo Michael Porter, a avaliação estratégica permite que a empresa identifique sua posição no mercado e desenvolva ações que melhorem seu desempenho competitivo.

O primeiro passo da metodologia "O Poder do Lucro" é essencial: entender profundamente a situação atual da empresa. Sem um diagnóstico claro, qualquer tentativa de crescimento será frágil e incerta. Esse processo não se limita a números, mas engloba tanto aspectos financeiros quanto estratégicos, permitindo identificar gargalos, desperdícios e oportunidades de melhoria.

Ações:

- **Análise financeira completa:** é um processo de avaliação detalhada das demonstrações financeiras da empresa – como a Demonstração do Resultado do Exercício (DRE), o balanço patrimonial e o fluxo de caixa. Esse exame permite que a empresa obtenha uma visão clara sobre sua saúde financeira, identificando a origem dos seus recursos e os destinos dos seus gastos. Segundo Gitman e Zutter, em *Princípios de administração financeira*, a análise financeira proporciona "um diagnóstico preciso da situação financeira da empresa, permitindo ações corretivas e ajustes estratégicos para otimizar a lucratividade e minimizar os riscos".

- **Demonstração do Resultado do Exercício (DRE):** a DRE apresenta a performance operacional da empresa em um período específico, mostrando receitas, custos e despesas, além do lucro ou prejuízo obtido. Ela é fundamental para entender a capacidade da empresa de gerar lucro com suas operações. Segundo Gitman, "a DRE oferece uma fotografia do desempenho financeiro ao longo de um período, fornecendo informações cruciais para a tomada de decisões".
- **Balanço patrimonial:** é uma demonstração contábil que oferece uma visão estática da saúde financeira da empresa em um momento específico, listando ativos, passivos e o patrimônio líquido. Essa análise ajuda a medir a capacidade de solvência e o valor patrimonial da empresa. Richard Luecke, em *Financial Analysis for Managers*, aponta que o balanço é "um termômetro da estrutura financeira, revelando a robustez da empresa em termos de liquidez e solvência".
- **Fluxo de caixa:** detalha todas as entradas e saídas de dinheiro da empresa em um período, ajudando a compreender como o capital circula e onde

podem estar ocorrendo gargalos financeiros. Peter Drucker afirma que "o fluxo de caixa é o indicador mais fiel da vitalidade financeira de uma empresa, essencial para decisões estratégicas de curto e longo prazo". Com o fluxo de caixa, é possível identificar os momentos em que a empresa pode enfrentar dificuldades de liquidez e ajustar as operações para manter a saúde financeira.

### 8.1.2. Diferença entre custo, gasto e despesa

- **Custo:** segundo Martins (2010), no livro *Contabilidade de custos*, "os custos são os valores despendidos na produção de bens ou serviços, sendo que esses valores têm uma relação direta com a atividade produtiva da empresa". Ele também explica que os custos podem ser subdivididos em fixos e variáveis, de acordo com sua relação com o volume de produção.
- **Gasto:** de acordo com Iudícibus (2010), em *Teoria da contabilidade*, "gasto é qualquer valor despendido, independentemente de sua destinação, podendo ser associado a um custo, despesa, investimento ou perda". Iudícibus destaca que gasto é o termo genérico utilizado para qualquer saída de recursos financeiros.

- **Despesa:** conforme Horngren *et al.* (2000), em *Contabilidade gerencial*, "despesas são todos os desembolsos que a empresa realiza para manter suas atividades operacionais e administrativas, como salários de executivos, *marketing* e despesas gerais e administrativas". Ele também ressalta que despesas não estão diretamente associadas à produção, mas são essenciais para a operação do negócio.

### 8.1.3. Identificação de custos fixos e variáveis

A identificação dos custos fixos e variáveis é um passo essencial para entender como as despesas afetam a saúde financeira da empresa. Custos fixos são aqueles que permanecem constantes, independentemente do nível de produção ou vendas, como aluguel, salários administrativos e depreciação. Já os custos variáveis estão diretamente relacionados ao volume de produção, como matéria-prima e comissões de vendas.

Segundo Horngren, Datar e Rajan, no livro *Contabilidade de custos*, "a compreensão dos custos fixos e variáveis é fundamental para a formulação de estratégias financeiras, pois permite identificar como diferentes cenários de produção afetam os resultados da empresa". A capacidade de distinguir entre esses dois tipos de custo ajuda a empresa a se preparar para flutuações de mercado, adaptando sua operação para momentos de baixa demanda ou expansão.

- **Custos fixos:** são despesas que não variam com o nível de produção, como o aluguel e os salários fixos. Essas despesas têm um impacto significativo no fluxo de caixa, especialmente em períodos de baixa demanda, pois devem ser cobertas independentemente do faturamento.
- **Custos variáveis:** são aqueles que aumentam ou diminuem de acordo com o volume de produção, como insumos, matérias-primas e comissões. Em momentos de crescimento, o aumento dos custos variáveis precisa ser administrado para garantir que não comprometa a lucratividade.

Essa análise oferece uma visão mais clara sobre como cada tipo de custo impacta diretamente o fluxo de caixa e a lucratividade da empresa, ajudando a tomar decisões estratégicas sobre onde cortar despesas ou aumentar investimentos. Como destacado por Robert Kaplan em *Gestão estratégica* de custos, "a identificação precisa dos custos é uma peça-chave para a formulação de uma estratégia eficaz, pois possibilita ajustes no modelo de negócios de acordo com o ambiente econômico".

### *8.1.4. Relação entre custos diretos, indiretos, fixos e variáveis*

É importante destacar que custos diretos podem ser tanto *variáveis* quanto *fixos*. Por exemplo, a mão de obra direta que produz um produto pode ser um custo fixo, se os salários dos trabalhadores forem constantes, ou variável, caso o salário seja calculado por hora de produção. Já os custos indiretos tendem a ser fixos, como o aluguel de instalações, ou variáveis, como energia elétrica, dependendo da utilização das máquinas durante a produção.

O diagnóstico financeiro e estratégico é um dos pilares fundamentais para a tomada de decisões eficazes em qualquer empresa. Para ilustrar a importância desse processo, vamos considerar o caso de uma empresa que fabrica produtos para consumo, como uma pequena indústria de alimentos.

Essa empresa tinha uma boa reputação e vendia bem, mas seus lucros estavam estagnados há algum tempo. Eles acreditavam que a solução seria aumentar a produção e investir em mais canais de vendas, sem realmente entender o que estava acontecendo internamente. Antes de avançar com essa decisão, os gestores decidiram fazer um diagnóstico financeiro e estratégico mais detalhado.

Durante o diagnóstico financeiro, descobriram que, apesar das vendas serem sólidas, havia um problema com a estrutura de custos. Custos indiretos, como energia e desperdício de matérias-primas, estavam corroendo os lucros, e eles sequer haviam notado o impacto. Além disso, um alto nível de inadimplência de clientes estava prejudicando o fluxo de caixa da empresa, algo que também não era visível apenas pela análise superficial das receitas.

No diagnóstico estratégico, perceberam que a empresa estava investindo recursos em produtos que já estavam em declínio no mercado. A estratégia não estava alinhada com as novas demandas dos consumidores, que buscavam produtos mais saudáveis. Além disso, a análise da concorrência revelou que os concorrentes estavam ganhando espaço em nichos onde a empresa ainda não havia se posicionado.

Com essas informações em mãos, a empresa mudou o foco. Em vez de apenas aumentar a produção, reformularam a estratégia para focar produtos mais rentáveis e que atendessem às novas demandas de consumo. Além disso, passaram a adotar controles financeiros mais rígidos para reduzir desperdícios e inadimplências.

Esse exemplo mostra como um diagnóstico completo, tanto financeiro quanto estratégico, pode mudar o rumo de uma empresa. Sem essa análise, a decisão de expandir a produção teria aumentado os problemas, gerando mais custos e ineficiências, em vez de impulsionar o crescimento.

## 8.2. A verdade oculta: diagnóstico financeiro como pilar da sustentabilidade empresarial

Quero contar mais um fato que aconteceu em uma das minhas consultorias. Aqui, vou chamar a empresa de Sabor do Campo. Vamos descobrir a verdade oculta dessa empresa?

Era uma vez uma pequena indústria de alimentos chamada Sabor do Campo. Localizada em uma cidadezinha próspera, a empresa tinha conquistado a simpatia da comunidade e uma sólida base de clientes. Seus produtos, feitos com ingredientes frescos e receitas tradicionais, eram uma verdadeira delícia e, por muitos anos, as vendas eram satisfatórias. Contudo, à medida que os anos passavam, algo parecia estar fora do lugar. Embora a Sabor do Campo vendesse bem, os lucros estavam estagnados e a saúde financeira da empresa começava a apresentar sinais de alerta.

Os gestores da empresa, confiantes em seu produto e na qualidade do atendimento, acreditavam que a solução para seus problemas era aumentar a produção e buscar novos canais de vendas. Para eles, a lógica era simples: quanto mais produtos fossem oferecidos ao mercado, maiores seriam as vendas e, consequentemente, os lucros. Com essa mentalidade, começaram a planejar uma nova linha de produtos e investiram em *marketing* para atrair mais clientes. Mas algo ainda os incomodava: uma sensação de que havia mais na história do que aparentava.

Certa manhã, durante uma reunião, um dos diretores sugeriu que a empresa realizasse um diagnóstico financeiro. Ele acreditava que era fundamental entender a fundo a estrutura de custos antes de tomar qualquer decisão de expansão. Após uma discussão acalorada, os gestores concordaram em fazer a análise, não sem um pouco de resistência e descrença. Afinal, o que poderia estar tão errado em uma empresa que parecia funcionar bem?

Com o auxílio de uma consultoria especializada, a Sabor do Campo iniciou seu diagnóstico. Logo se tornaram evidentes as falhas ocultas que estavam corroendo a rentabilidade. Os custos, como energia elétrica e desperdício de matérias-primas, estavam muito acima do esperado. Além disso, um alarmante nível de inadimplência entre alguns clientes estava prejudicando o fluxo de caixa, mas isso passara despercebido em análises superficiais.

### *8.2.1. Demonstração do Resultado do Exercício (DRE)*

Após o diagnóstico, a consultoria apresentou a seguinte DRE referente ao último exercício, no qual a empresa faturou R$ 200.000,00:

| Descrição | Valores (R$) |
|---|---|
| **Receita bruta de vendas** | **200.000** |
| (-) Deduções (Impostos do Simples Nacional – 6%) | 12.000 |
| **Receita líquida** | **188.000** |
| (-) Custos variáveis (matéria-prima, embalagem etc.) | 145.000 |
| (-) Despesas variáveis (comissões e frete) | 15.000 |
| **Margem de contribuição** | **28.000** |
| (-) Custos fixos (aluguel, salários, energia) | 26.000 |
| **Lucro bruto** | **2.000** |
| (-) Despesas operacionais (*marketing*, administrativos) | 1.500 |
| **Lucro operacional** | **500** |
| (-) Despesas financeiras (juros, multas) | 400 |
| **Lucro antes do Imposto de Renda** | **100** |
| (-) Imposto de Renda (Simples Nacional já incluso) | – |
| **Lucro líquido** | **100** |

Aqui, a empresa apresentava um lucro líquido extremamente baixo de apenas R$ 100,00, representando 0,05% do faturamento. Em uma análise superficial, os gestores achavam que bastava aumentar as vendas para resolver o problema. No entanto, o lucro estava sendo corroído por custos variáveis e operacionais elevados, que não eram visíveis sem um diagnóstico detalhado.

### *8.2.2. Demonstração do Fluxo de Caixa (DFC)*

A situação do fluxo de caixa era ainda mais preocupante. A DFC da empresa mostrava um saldo negativo no caixa, indicando que as entradas não estavam superando as saídas:

| Descrição | Valores (R$) |
|---|---|
| **Entradas de caixa** | |
| (-) Recebimento de vendas (75% das vendas realizadas) | 162.000 |
| **Total de entradas** | **162.000** |
| **Saídas de caixa** | |
| (-) Pagamento de fornecedores | 145.000 |
| (-) Impostos | 12.000 |
| (-) Pagamento de comissões e frete | 15.000 |
| (-) Pagamento de custos fixos | 26.000 |
| (-) Despesas operacionais | 1.500 |
| (-) Pagamento de juros | 400 |
| **Total de saídas** | **187.900** |
| **Fluxo de caixa líquido operacional** | **(37.900) (negativo)** |
| **Fluxo de caixa final** | **(37.900) (negativo)** |

No total, a Sabor do Campo apresentava um saldo negativo de R$ 37.900,00 no caixa, o que dificultava a continuidade das operações e a capacidade de investir em melhorias.

### *8.2.3. Desvendando o lucro oculto: a transformação da Sabor do Campo*

O diagnóstico financeiro detalhado trouxe à tona uma série de informações surpreendentes que mudaram a trajetória da Sabor do Campo. A equipe de gestão identificou que a empresa estava investindo recursos em produtos que já estavam em declínio no mercado. Os consumidores estavam mudando suas preferências, buscando opções mais saudáveis e sustentáveis, enquanto a Sabor do Campo continuava a se concentrar em receitas que não atendiam às novas demandas.

Uma das ações cruciais realizadas foi a formação de preços, que permitiu identificar quais produtos eram realmente lucrativos e quais não geravam lucro. Surpreendentemente, descobriu-se que estavam focando muito vender produtos que, em vez de contribuírem para os resultados financeiros, estavam aprofundando a situação negativa da empresa. Quanto mais vendiam esses itens, mais no vermelho a empresa ficava. Essa revelação foi fundamental para reposicionar o portfólio de produtos e priorizar aqueles que realmente traziam margem de contribuição.

Com essas informações em mãos, a equipe percebeu que a solução não era simplesmente aumentar as vendas. Através de uma análise minuciosa das finanças, propôs-se uma reformulação estratégica, priorizando produtos mais rentáveis e alinhados às tendências do mercado. Além disso, foram introduzidos controles financeiros rigorosos para reduzir desperdícios e melhorar o gerenciamento do crédito, assegurando que a inadimplência fosse reduzida.

Para garantir a eficiência nas operações, o *software* de gestão da empresa foi reestruturado e um treinamento foi oferecido à equipe interna para utilizá-lo da forma correta. Isso possibilitou a obtenção de indicadores confiáveis, essenciais para a tomada de decisões informadas. Após a reavaliação dos produtos, a Sabor do Campo lançou uma nova linha de produtos saudáveis, aproveitando as tendências de consumo emergentes. Também foram sugeridas a renegociação de contratos com fornecedores e a otimização do uso de energia elétrica. Para incentivar a economia de energia, a empresa lançou uma campanha com seus colaboradores, prometendo reverter 20% da economia em benefícios para eles. Essa iniciativa não apenas gerou uma redução significativa nos custos operacionais, mas também aumentou o engajamento e a satisfação dos funcionários.

Esse processo de diagnóstico não apenas ajudou a Sabor do Campo a evitar uma possível crise financeira, mas também reposicionou a marca como uma empresa inovadora e responsável. Sem essa análise profunda, a tentativa de expandir a produção poderia ter amplificado os problemas existentes, resultando em maiores prejuízos.

A Sabor do Campo aprendeu que, em um mundo de negócios em constante mudança, o verdadeiro pilar da sustentabilidade empresarial é o conhecimento. Assim, a empresa não só garantiu sua saúde financeira, mas também encontrou um caminho para um futuro mais promissor e rentável, desvendando um lucro oculto dentro do seu negócio.

## 8.3. Planejamento estratégico

*Planejamento estratégico* é um processo sistemático e contínuo que envolve a definição da direção e dos objetivos de uma organização, além de identificar os recursos e as ações necessárias para alcançá-los. Esse processo é fundamental para alinhar as atividades da empresa com sua missão, visão e valores, permitindo que ela responda de forma eficaz às mudanças do ambiente externo e às necessidades do mercado.

De acordo com Henry Mintzberg, um renomado autor na área de Administração, o planejamento estratégico "não é apenas um exercício de previsão, mas uma forma de construir um futuro desejado". Isso ressalta a importância do planejamento como um meio de não apenas antecipar o futuro, mas de moldá-lo.

O planejamento estratégico geralmente inclui as seguintes etapas:

1. **análise da situação:** avaliação do ambiente interno e externo da organização, que pode incluir a análise SWOT (forças, fraquezas, oportunidades e ameaças);
2. **definição de missão e visão:** estabelecimento da razão de ser da organização (missão) e do que ela aspira se tornar no futuro (visão);
3. **estabelecimento de objetivos:** definição de metas específicas e mensuráveis que a organização deseja alcançar em um determinado período;

4. **desenvolvimento de estratégias:** criação de planos de ação e estratégias para atingir os objetivos estabelecidos, incluindo a alocação de recursos necessários;

5. **implementação:** execução das estratégias e planos de ação, com a mobilização dos recursos da organização;

6. **avaliação e controle:** monitoramento dos resultados e desempenho da organização em relação aos objetivos, permitindo ajustes e correções de curso quando necessário.

O planejamento estratégico é essencial para o sucesso no longo prazo de uma organização, pois fornece um roteiro claro e ajuda a orientar a tomada de decisões, garantindo que todos os membros da equipe estejam alinhados em torno de uma visão comum.

### *8.3.1. Ferramenta de análise SWOT (FOFA)*

A análise SWOT (*Strengths*, *Weaknesses*, *Opportunities*, *Threats*) é uma ferramenta clássica utilizada no planejamento estratégico para avaliar as condições internas e externas que podem influenciar o desempenho de uma empresa.

Desenvolvida inicialmente por Albert Humphrey nos anos 1960, a análise SWOT se tornou amplamente aceita como uma metodologia eficiente para identificar as forças (*strengths*), fraquezas (*weaknesses*), oportunidades (*opportunities*) e ameaças (*threats*) que impactam uma organização.

- **Forças** (*strengths*): refere-se aos recursos internos e capacidades que proporcionam uma vantagem competitiva à empresa, como competências únicas, ativos valiosos ou uma equipe qualificada.
- **Fraquezas** (*weaknesses*): são as limitações internas que podem prejudicar o desempenho, como falta de recursos financeiros, infraestrutura inadequada ou processos ineficientes.
- **Oportunidades** (*opportunities*): representam fatores externos que a empresa pode aproveitar para expandir ou melhorar seu desempenho, como novas tendências de mercado ou avanços tecnológicos.
- **Ameaças** (*threats*): incluem fatores externos que podem representar riscos, como concorrentes emergentes, mudanças regulatórias ou crises econômicas.

Segundo Kotler (1994) em seu livro *Marketing Management*, "a análise SWOT fornece uma base sólida para definir a direção estratégica ao examinar fatores internos e externos que impactam o ambiente de negócios". O autor reforça que essa análise ajuda as empresas a otimizarem seus pontos fortes enquanto minimiza suas fraquezas, ao mesmo tempo em que aproveita oportunidades e prepara-se para enfrentar as ameaças.

Ao realizar a análise SWOT, a Sabor do Campo obteve uma visão holística de sua situação atual, permitindo que seus líderes tomassem decisões mais informadas sobre como alavancar as oportunidades e mitigar os riscos. Essa ferramenta é essencial para criar uma estratégia coerente e direcionada para o crescimento sustentável.

### 8.3.2. Matriz SWOT da Sabor do Campo

| FORÇAS | FRAQUEZAS |
|---|---|
| 1. Portfólio diversificado de produtos saudáveis e sustentáveis. | 1. Dependência excessiva de fornecedores locais, o que pode afetar a oferta. |
| 2. Equipe qualificada e comprometida. | 2. Estrutura de custos elevada em relação aos concorrentes. |
| 3. Imagem de marca consolidada em qualidade. | 3. Falta de conhecimento em *marketing* digital e *e-commerce*. |
| **OPORTUNIDADES** | **AMEAÇAS** |
| 1. Crescimento da demanda por alimentos saudáveis. | 1. Concorrência crescente de marcas estabelecidas. |
| 2. Aumento do interesse por práticas sustentáveis e éticas. | 2. Variações nos preços de insumos e matérias-primas. |
| 3. Possibilidade de expansão para novos mercados e canais de distribuição. | 3. Mudanças regulatórias que podem impactar a produção. |

A Sabor do Campo, ao conduzir essa análise SWOT, não apenas mapeou suas condições atuais, mas também traçou um caminho claro para a transformação e o crescimento sustentável. Ao alavancar suas forças e oportunidades, enquanto trabalha para mitigar fraquezas e ameaças, a empresa está mais bem posicionada para enfrentar os desafios do mercado e capitalizar sobre suas vantagens competitivas.

# EXERCÍCIO

**Agora é com você, leitor(a)! Inclua aqui a sua matriz SWOT.**

| FORÇAS | FRAQUEZAS |
|---|---|
| | |
| | |
| | |

| OPORTUNIDADES | AMEAÇAS |
|---|---|
| | |
| | |
| | |

## 8.4. Mapeamento estratégico: a nova rota da Sabor do Campo

Após a reestruturação, o diagnóstico financeiro e a realização da matriz SWOT, a Sabor do Campo compreendeu que a mudança não poderia parar apenas na revisão de custos e na adoção de novas práticas operacionais. Para garantir um crescimento sustentável e consistente, era essencial que a empresa revisasse também seu mapeamento estratégico.

O primeiro passo foi entender claramente a missão, a visão e os valores da Sabor do Campo. Esses elementos, muitas vezes, não são apenas palavras em um quadro na parede, mas representam a essência do negócio e sua direção futura. A nova missão da empresa foi reformulada para refletir seu compromisso com produtos saudáveis e sustentáveis, alinhando-se às demandas do consumidor moderno.

- **Visão:** ser reconhecida como uma líder em produtos alimentícios saudáveis, inovando constantemente e promovendo um estilo de vida equilibrado.
- **Missão:** oferecer alimentos de qualidade que não apenas satisfaçam o paladar, mas também contribuam para a saúde e o bem-estar dos consumidores.
- **Valores:** compromisso com a sustentabilidade, a qualidade, a inovação e a transparência nas práticas comerciais.

**Agora é sua vez, leitor(a). Inclua aqui o seu mapeamento estratégico.**

Com esses elementos bem definidos, os gestores puderam estabelecer metas claras e mensuráveis. O alinhamento entre a visão e as metas foi crucial. Como afirmam Kaplan e Norton (1996) em *The Balanced Scorecard*, "a estratégia de uma organização é a base sobre a qual são tomadas as decisões que conduzirão ao sucesso no longo prazo". Sem essa clareza, a Sabor do Campo poderia facilmente perder o foco e comprometer o seu desenvolvimento.

A falta de clareza estratégica, muitas vezes, é o que impede uma empresa de avançar com consistência. Portanto, os gestores se reuniram com suas equipes para avaliar e garantir que todos compreendessem e estivessem comprometidos com essa nova direção. A comunicação foi fundamental: todos os colaboradores deveriam entender como seu trabalho contribuía para a visão e as metas da empresa, fortalecendo o compromisso da equipe. Com uma visão clara e metas definidas, a empresa estava agora posicionada para avançar com confiança, impulsionando não apenas suas vendas, mas também seu impacto positivo no mercado e na sociedade.

## 8.5. Definição de objetivos SMART

A definição de objetivos SMART é uma prática essencial para guiar as ações da Sabor do Campo em direção ao crescimento sustentável. Esses objetivos devem ser *específicos, mensuráveis, atingíveis, relevantes e temporais*. O modelo SMART foi popularizado por Peter Drucker em sua obra The Practice of Management, sendo amplamente utilizado para garantir que os objetivos sejam claros e monitoráveis ao longo do tempo.

## Modelo SMART

| Objetivo | Específico | Mensurável |
|---|---|---|
| Aumentar a margem de lucro em 10%. | Acompanhar os resultados mensais, focando produtos lucrativos. | Análise de preços e vendas para determinar a lucratividade. |
| Reduzir custos operacionais. | Implementar uma campanha de eficiência energética. | Monitorar a economia de energia em comparação aos meses anteriores. |
| Melhorar a utilização do *software* de gestão. | Treinar a equipe interna para usar o *software* adequadamente. | Avaliar o uso do sistema através de relatórios de desempenho. |

| Atingível | Relevante | Temporal |
|---|---|---|
| Sim, com ações implementadas como análise de produtos e reestruturação de *software*. | Importante para a sustentabilidade da empresa. | Dentro de 6 meses. |
| Sim, com a participação dos colaboradores. | Contribui para a saúde financeira da empresa. | Até o final do próximo trimestre. |
| Sim, com o suporte adequado da equipe. | Facilita decisões informadas e ágeis. | Em 3 meses. |

Com essa estrutura, as ações da Sabor do Campo estão claramente vinculadas aos objetivos SMART, facilitando a compreensão sobre como cada uma contribui para o crescimento e a sustentabilidade da empresa.

## EXERCÍCIO

**Agora você, leitor(a). Inclua aqui a sua ferramenta Smart.**

| Objetivo | Específico |
| --- | --- |
| | |
| | |

| Mensurável | Atingível |
| --- | --- |
| | |
| | |

| Relevante | Temporal |
| --- | --- |
| | |
| | |

### 8.6. Organização financeira com ferramentas de gestão

A organização financeira é a espinha dorsal de qualquer negócio rentável. A gestão eficiente das finanças permite não apenas a sobrevivência da empresa, mas também seu crescimento e expansão no mercado. Para isso, é fundamental utilizar ferramentas de gestão financeira que garantam controle e previsibilidade.

<u>Ações:</u>

- **Implementação de *software* de gestão:** utilizar *softwares* de ERP (*Enterprise Resource Planning*) é uma das melhores práticas para automatizar processos financeiros e integrar informações de todas as áreas da empresa. De acordo com Laudon e Laudon (2014) em *Management Information Systems*, "os sistemas de ERP permitem que as organizações integrem suas funções e compartilhem informações de maneira eficaz, o que resulta em uma melhor tomada de decisões e eficiência operacional". Na Sabor do Campo, a implementação de um *software* de gestão ERP permitiu uma visão unificada das finanças, facilitando o controle de despesas e a análise de rentabilidade de cada produto. Essa abordagem ajudou a aumentar a margem de lucro em 10% ao permitir que a equipe identificasse rapidamente quais produtos eram mais lucrativos.

- **Controle do fluxo de caixa:** criar um fluxo de caixa detalhado e diário é essencial. Esse controle garante que todas as entradas e saídas sejam monitoradas, ajudando a prever problemas de liquidez antes que se tornem críticos. Segundo Horngren *et al.* (2013) em *Contabilidade gerencial*, "o fluxo de caixa é uma das ferramentas mais importantes para a saúde financeira de uma empresa, pois fornece uma visão clara da disponibilidade de recursos". Na Sabor do Campo, a equipe desenvolveu um fluxo de caixa que é atualizado diariamente, permitindo a identificação de períodos críticos e possibilitando a adoção de medidas corretivas antes que os problemas se agravem.
- **Gestão de custos:** acompanhar os custos de perto e identificar formas de reduzi-los sem comprometer a qualidade dos produtos ou serviços é vital para a lucratividade. Como afirmam Anthony e Govindarajan (2007) em *Management Control Systems*, "a gestão eficaz dos custos é um componente crítico para a competitividade e a sustentabilidade de uma organização". A Sabor do Campo implementou uma análise de

custos que envolveu a reavaliação de fornecedores e a renegociação de contratos, resultando em uma economia significativa. Essa iniciativa não só melhorou a margem de lucro, mas também garantiu a continuidade da qualidade dos produtos oferecidos.

A Sabor do Campo, ao adotar essas práticas de organização financeira com ferramentas de gestão, conseguiu não apenas manter sua saúde financeira, mas também criar um ambiente propício para o crescimento e a inovação. A gestão financeira eficaz se provou essencial para a sustentabilidade e o sucesso no longo prazo da empresa.

A ORGANIZAÇÃO FINANCEIRA É A ESPINHA DORSAL DE QUALQUER NEGÓCIO RENTÁVEL. A GESTÃO EFICIENTE DAS FINANÇAS PERMITE NÃO APENAS A SOBREVIVÊNCIA DA EMPRESA, MAS TAMBÉM SEU CRESCIMENTO E EXPANSÃO NO MERCADO.

# 9

# VALORIZAÇÃO E ENGAJAMENTO DOS COLABORADORES

As pessoas são um dos maiores ativos de uma empresa. Valorizar e engajar os colaboradores é essencial para garantir produtividade e retenção. Quando comecei a minha jornada empreendedora com a padaria, eu era "chefe", e não uma líder. Na minha cabeça, bastava dar ordens e esperar que o trabalho fosse feito. No entanto, ao longo dos anos, nas consultorias que realizei, uma das lições mais poderosas que aprendi e apliquei foi que ninguém cresce sozinho. Para um negócio prosperar, é essencial que as pessoas estejam engajadas, motivadas e trabalhando em prol de um objetivo comum. Não importa se o colaborador é o gerente ou o estagiário, todos fazem parte do processo e do crescimento.

Ações

- **Construção de um ambiente de confiança e respeito:** o primeiro passo para engajar uma equipe é valorizar os colaboradores como seres humanos, não apenas como peças de engrenagem, mas criar um ambiente onde eles sintam que são ouvidos, que suas ideias são valorizadas e que têm espaço para crescer. Como destaca o autor Humberto Gessinger: "Um bom líder é aquele que sabe ouvir e valorizar as ideias de sua equipe".

- **Clareza de propósito e metas:** é impossível engajar uma equipe sem que ela saiba qual é o destino. A empresa precisa ter metas claras e um propósito que todos possam entender e com o qual possam se conectar. Quando os colaboradores sabem o porquê por trás de suas tarefas, o trabalho ganha um significado maior. Max Gehringer, em suas palestras, enfatiza que "quando as pessoas entendem a missão da empresa, elas se tornam mais motivadas e produtivas".
- **Reconhecimento e valorização contínua:** reconhecer o esforço dos colaboradores, tanto nos grandes resultados quanto nas pequenas conquistas diárias, é essencial para manter o ânimo e o compromisso. Muitas vezes, uma palavra de incentivo tem mais impacto do que um bônus financeiro. Como afirma o consultor José Salibi Neto, "o reconhecimento é o combustível que mantém a motivação e o comprometimento da equipe".

**Exemplo pessoal**

Se na padaria eu tivesse entendido isso, talvez o final da história fosse diferente. Naquele tempo, eu não compreendia que liderança não é sobre dar ordens, mas sobre inspirar. Quando comecei a aplicar essa abordagem nas consultorias, percebi que o verdadeiro crescimento acontece quando os colaboradores se veem como parte vital do negócio.

A grande verdade é que existem dois jeitos de realizarmos nossos sonhos, e isso se aplica tanto ao empreendedor quanto ao colaborador: o primeiro é abrir seu próprio negócio e empreender; o segundo é empreender dentro do negócio de alguém.

Todo mundo tem sonhos, e nem sempre realizar esses sonhos significa ser o dono de uma empresa. Às vezes, realizar nossos sonhos significa entregar o nosso melhor, independentemente do cargo ou da função que ocupamos. Quando você se engaja, quando dá tudo de si dentro de uma empresa, você está, de certa forma, empreendendo também. Você está contribuindo para o crescimento do negócio e, ao mesmo tempo, construindo o seu próprio sucesso.

Essa mentalidade muda tudo. No momento em que os colaboradores percebem que o sucesso da empresa está diretamente ligado ao sucesso pessoal deles, o nível de engajamento se transforma. Eles deixam de ser apenas funcionários e passam a ser parceiros do crescimento. E quando isso acontece, o negócio cresce de forma exponencial.

Essa é a essência de valorizar e engajar os colaboradores. Sem isso, é impossível sustentar o crescimento. A liderança inspiradora e a clareza de propósito não apenas aumentam a produtividade, mas criam um ambiente onde todos podem realizar seus sonhos, seja como empresários ou como parte de uma equipe maior.

# 10

# PADRONIZAÇÃO DE PROCESSOS: O ALICERCE DA EFICIÊNCIA E DA LUCRATIVIDADE

A padronização de processos é fundamental para garantir que uma empresa opere com máxima eficiência. Quando os processos não são bem definidos, a operação se torna desorganizada e ineficiente, impactando diretamente na produtividade e nas finanças. Sem clareza sobre quem faz o que ou como as atividades devem ser realizadas, a empresa perde tempo e recursos valiosos, resultando em retrabalho, perda de materiais e prejuízos financeiros. Como afirma Peter Drucker, "não há nada tão inútil quanto fazer com grande eficiência algo que não deveria ser feito".

Tive uma experiência marcante com uma empresa que lidava com projetos complexos. A equipe era competente, mas enfrentava um problema sério: a desorganização total. As ferramentas eram deixadas em qualquer lugar, e, quando era necessário encontrá-las, levava horas. Pior ainda, frequentemente, ao se deslocarem para realizar um serviço a um cliente distante, descobriam que haviam esquecido itens essenciais para o trabalho. Isso não só gerava transtornos para a equipe, que precisava voltar à empresa para buscar os materiais esquecidos, mas também atrasava o atendimento e, muitas vezes, causava insatisfação dos clientes.

> **Como afirma Peter Drucker, "não há nada tão inútil quanto fazer com grande eficiência algo que não deveria ser feito".**

Esse tipo de desorganização resultava em constantes interrupções e um ciclo de desperdício de tempo e dinheiro. O custo com ferramentas duplicadas e a necessidade de viagens adicionais para buscar equipamentos perdidos impactavam gravemente o orçamento e a eficiência operacional. Além disso, a falta de planejamento e organização frequentemente resultava em atrasos nas entregas e frustrações tanto para a equipe quanto para os clientes. Como ressaltou W. Edwards Deming, "a qualidade não é um ato, é um hábito", enfatizando a necessidade de processos padronizados para garantir a consistência e a eficácia nas operações.

## 10.1. Lição: a necessidade de mapear e padronizar processos operacionais

Esse cenário evidenciou claramente a importância de mapear e padronizar os processos operacionais. A falta de organização e a ausência de processos definidos resultavam em perdas significativas e ineficiências. A primeira ação foi mapear todas as etapas do fluxo de trabalho, desde a preparação até a execução dos projetos.

Como bem afirma Michael Porter, "a chave para a vantagem competitiva está na escolha de como você se posiciona em relação à concorrência", e isso começa com uma operação bem organizada.

Essa abordagem permitiu identificar os gargalos e as falhas, especialmente no que diz respeito ao armazenamento e uso das ferramentas. Para evitar que itens essenciais fossem esquecidos, implementamos uma lista de verificação detalhada e um sistema de controle para garantir que todos os materiais necessários estivessem prontos e organizados antes da saída para visitar o cliente. Essas mudanças ajudaram a minimizar a necessidade de viagens adicionais e garantiram que os serviços fossem prestados de forma eficiente e dentro do prazo.

Como ressaltou Henri Fayol, "um bom planejamento é o primeiro passo para o sucesso", e isso se aplica não apenas ao planejamento estratégico, mas também ao mapeamento e padronização de processos que garantem a execução eficaz das operações.

## 10.2. Estratégia: como criar um fluxo de trabalho eficiente

Para garantir uma operação organizada e produtiva, é essencial adotar um sistema padronizado que permita que todas as atividades sejam realizadas de forma eficiente. Aqui estão algumas estratégias práticas para criar um fluxo de trabalho eficiente:

1. **Mapeamento completo do processo:** divida o trabalho em etapas bem definidas, com início, meio e fim. Isso garante que todas as tarefas sejam realizadas de acordo com um plano claro e evita improvisações que possam levar a erros. Como afirma Deming, "a qualidade deve ser planejada e não deixada ao acaso".

2. **Definição de responsabilidades:** atribua responsabilidades claras a cada membro da equipe para que todos saibam exatamente o que é esperado deles. Isso ajuda a evitar sobreposição de funções e confusão sobre quem deve realizar cada tarefa. Peter Drucker enfatiza que "o que se mede, se gerencia", e essa clareza nas responsabilidades é fundamental para o gerenciamento eficaz.

3. **Organização física e padronização de ferramentas:** estabeleça um sistema para armazenar e organizar as ferramentas e equipamentos. Crie

um local definido para cada item e implemente procedimentos para garantir que todos os materiais necessários estejam prontos antes de iniciar qualquer tarefa. Henry Ford destacou que "a organização é a chave do sucesso", o que se aplica diretamente a como você organiza seus recursos.

4. **Criação de padrões para execução:** defina e documente procedimentos-padrão para a execução de tarefas. Isso assegura consistência e qualidade na entrega dos serviços ou produtos, reduzindo a necessidade de retrabalho e correções. Como diz W. Edwards Deming, "se você não pode descrever o que está fazendo como um processo, você não sabe o que está fazendo".

5. **Lista de verificação e controle de materiais:** desenvolva listas de verificação para garantir que todos os itens necessários sejam preparados e revisados antes de qualquer deslocamento para o cliente. Isso reduz a probabilidade de esquecer materiais essenciais e evita interrupções no serviço. Atul Gawande, em seu livro *The Checklist Manifesto*, defende que "as listas de verificação são uma maneira eficaz de melhorar a execução de tarefas complexas".

6. **Monitoramento e ajuste:** revise e ajuste os processos periodicamente para garantir que continuem a atender às necessidades da empresa e a refletir as melhores práticas. Monitorar o desempenho ajuda a identificar áreas para melhorias contínuas. Eli Goldratt ressalta que "a melhoria contínua é melhor do que a perfeição tardia", enfatizando a importância de ajustes regulares para manter a eficiência.

Essas estratégias são cruciais para garantir que sua equipe trabalhe de forma coesa e eficaz, resultando em operações mais suaves, menos retrabalho e maior satisfação do cliente.

### 10.3. Exemplo pessoal: o preço da desorganização

Na empresa para qual prestei consultoria, a falta de organização e planejamento teve um impacto considerável. As ferramentas eram deixadas em locais inadequados e, frequentemente, a equipe enfrentava o problema de esquecer itens essenciais para os serviços. Isso resultava em viagens desnecessárias para buscar os materiais esquecidos, o que era agravado pelo fato de o cliente estar frequentemente localizado distante da empresa.

O custo dessas viagens, somado ao desperdício financeiro com ferramentas duplicadas, criou uma situação insustentável.

Depois de implementar a padronização, tudo mudou. Estabelecemos procedimentos claros para a organização e a verificação dos materiais antes de cada deslocamento. A introdução de listas de verificação e uma área específica para armazenar ferramentas garantiu que todos os itens necessários estivessem prontos e disponíveis. O tempo de execução das tarefas foi reduzido, a produtividade aumentou e os custos associados à desorganização diminuíram significativamente.

## 10.4. O impacto da padronização: aumento de produtividade e lucro

Padronizar processos significa trazer ordem e eficiência ao caos. Quando o trabalho flui de maneira organizada, os colaboradores sabem exatamente o que fazer, como fazer e onde encontrar o que precisam. Isso não só melhora a produtividade, como também cria um ambiente de trabalho mais eficiente e satisfatório e se reflete em:

- **Aumento da produtividade:** com ferramentas e processos organizados, o tempo necessário para realizar tarefas diminui, aumentando a capacidade de produção. Segundo W. Edwards Deming: "A eficiência é a base de toda lucratividade". Processos bem estruturados são fundamentais para a rentabilidade de um negócio.

- **Redução de custos:** a eliminação do retrabalho e do desperdício de materiais reduz os custos operacionais. Segundo Henry Mintzberg, "uma organização eficaz é uma máquina social que transforma recursos em resultados", e essa gestão resulta em menor desperdício e custos reduzidos.
- **Melhoria da qualidade:** processos padronizados garantem consistência e qualidade, elevando a satisfação do cliente e a reputação da empresa. W. Edwards Deming, um dos pais da qualidade, declarou que "a qualidade não é um ato, é um hábito". Quando os padrões são mantidos, a qualidade se torna uma parte intrínseca da operação.

> Mas tudo que fizerem, façam de todo o coração, como para o Senhor e não para os homens. (Colossenses 3:23)

Essa passagem nos lembra da importância de dedicarmos nossos esforços à excelência, refletindo um compromisso genuíno com o trabalho que realizamos. Essas reflexões reforçam a importância da padronização como um fator chave para o crescimento e a prosperidade de qualquer negócio.

Em resumo, a padronização de processos operacionais é um passo crucial para transformar a eficiência e a lucratividade de uma empresa. Assim como eu aprendi ao longo da minha trajetória, a falta de organização pode ter um custo alto, mas, com processos bem definidos, a empresa pode crescer de maneira sustentável e alcançar o sucesso.

EM RESUMO, A PADRONIZAÇÃO DE PROCESSOS OPERACIONAIS É UM PASSO CRUCIAL PARA TRANSFORMAR A EFICIÊNCIA E A LUCRATIVIDADE DE UMA EMPRESA.

# 11

# LIDERANÇA ATIVA

A liderança ativa é um conceito que ultrapassa a gestão tradicional, focando criar um ambiente onde os colaboradores não apenas sigam ordens, mas se tornem parte do processo de tomada de decisões e do crescimento da empresa. Esse tipo de liderança estimula a autonomia e a confiança, o que é fundamental para promover um espaço de inovação e engajamento contínuos. Como afirma John Maxwell, "um líder é alguém que conhece o caminho, anda pelo caminho e mostra o caminho". Esse tipo de liderança vai além de supervisionar tarefas; é um processo de capacitação e orientação, no qual o líder confia em sua equipe para tomar decisões informadas e executá-las com responsabilidade.

A falta de delegação e o excesso de controle são obstáculos comuns que afetam a eficácia operacional. De acordo com Peter Drucker, "a maneira mais eficiente de aumentar a produtividade é delegar responsabilidades". Contudo, muitos líderes ainda optam por manter o controle rígido sobre processos e decisões, o que pode sufocar a inovação e retardar o crescimento da empresa.

### 11.1. Exemplo: o impacto do centralismo na eficiência operacional

Em uma análise de caso real, uma empresa enfrentava dificuldades operacionais devido ao estilo de gestão centralizador de seu líder. Apesar das tentativas de delegar tarefas, o proprietário frequentemente se envolvia em detalhes operacionais que poderiam ser geridos pela equipe, gerando frustrações e atrasos.

A falta de autonomia fazia com que os colaboradores hesitassem em tomar decisões, temendo represálias por agirem sem autorização. O líder demonstrava irritação quando a equipe tomava iniciativas sem sua aprovação prévia, o que minava o senso de responsabilidade e confiança dos colaboradores. Como resultado, a inovação e a criatividade foram sufocadas, gerando um ciclo de baixa produtividade e desmotivação, semelhante ao que Daniel Goleman destaca em seu livro *Primal Leadership*, onde ele afirma que "o estilo de liderança emocionalmente inteligente deve criar ressonância, não dissonância".

Portanto, uma liderança ativa não se trata apenas de estar presente, mas de cultivar um ambiente onde a confiança e a autonomia são incentivadas, criando assim uma equipe que se sinta segura para inovar e assumir responsabilidades. Isso resulta em maior eficiência e crescimento sustentável para a empresa.

## 11.2. O papel da autonomia e da confiança na liderança

A liderança ativa é definida pela capacidade de encontrar o equilíbrio certo entre dar autonomia e manter a supervisão estratégica. Segundo Warren Bennis, "os líderes não criam seguidores, eles criam mais líderes". Nesse contexto, permitir que os colaboradores tenham espaço para tomar decisões de forma independente, aprender com seus erros e contribuir para o processo de crescimento da organização é fundamental para uma liderança eficaz. Essa abordagem, além de promover maior eficiência e agilidade, fomenta um ambiente de trabalho mais motivador e inovador.

**Elementos-chave para uma liderança ativa e eficaz**

1. **Delegue com confiança:** delegar não é apenas transferir tarefas, mas é também oferecer responsabilidade e confiança à equipe para tomar

decisões dentro de suas áreas de atuação. Quando os colaboradores sentem que o líder confia neles, o nível de compromisso e responsabilidade aumenta. Como afirma Stephen Covey em *Os sete hábitos das pessoas altamente eficazes*: "A confiança é o fundamento de toda liderança eficaz". Ao delegar, o líder capacita sua equipe a se tornar mais autônoma e produtiva.

2. **Estabeleça expectativas claras:** é essencial definir objetivos e expectativas de maneira transparente, mas também oferecer flexibilidade na forma como esses objetivos serão alcançados. Isso dá aos colaboradores liberdade para utilizar sua criatividade e inovação, ao mesmo tempo que mantém o alinhamento com as metas estratégicas da empresa. Como Peter Drucker destaca, "o que é medido, é gerido"; ao definir claramente o destino, mas permitir flexibilidade no caminho, o líder proporciona espaço para que ideias inovadoras floresçam.

3. **Promova um ambiente de aprendizado:** um dos principais papéis do líder é criar um ambiente onde a equipe se sinta encorajada a experimentar, tomar iniciativas e aprender com os próprios erros. Quando o erro é tratado como uma oportunidade de aprendizado, a equipe se sente mais segura para inovar e propor soluções ousadas.

4. **Reconheça e recompense a proatividade:** o reconhecimento é uma ferramenta poderosa para reforçar comportamentos positivos. Quando os colaboradores são recompensados por sua proatividade e capacidade de resolver problemas, isso não apenas aumenta a motivação, mas também cria um ciclo virtuoso de inovação e engajamento. Como Ken Blanchard observa, "o *feedback* é o alimento dos campeões". Ao reconhecer os esforços da equipe, o líder promove uma cultura de confiança e crescimento constante.

## 11.3. Lição: a transformação através da confiança e da autonomia

A análise desse exemplo demonstra que, ao centralizar todas as decisões e manter um controle excessivo, o proprietário acabou sufocando a capacidade da equipe de contribuir de forma significativa para o sucesso da empresa. A falta de confiança e a necessidade constante de controle não apenas geraram um ambiente de trabalho estagnado, mas também impediram o crescimento e a inovação.

A verdadeira liderança ativa é aquela que promove a autonomia, confia na equipe e reconhece a importância de uma gestão equilibrada. Ao adotar essa abordagem, é possível transformar a dinâmica de trabalho, aumentar a motivação da equipe e alcançar um sucesso sustentável.

Investir em uma liderança que ofereça autonomia, estabeleça expectativas claras e promova um ambiente de aprendizado é crucial para o crescimento e a eficiência de qualquer empresa. A capacidade de delegar responsabilidades de forma confiante e equilibrada não apenas melhora a operação diária, mas também cria uma cultura de engajamento e inovação que impulsiona a empresa para novos patamares de sucesso.

## 11.4. Liderança ativa: o impacto da microgestão e do foco em detalhes irrelevantes

A liderança ativa é uma habilidade essencial para o sucesso de qualquer organização. No entanto, o estilo de liderança pode variar significativamente, e um dos desafios mais comuns é lidar com líderes que se concentram em detalhes menores e em aspectos irrelevantes do dia a dia. Um líder que se preocupa excessivamente com fofocas e detalhes menores pode criar um ambiente de trabalho tóxico, que não só desvia a atenção das questões mais importantes, mas também compromete a moral e a produtividade da equipe.

## 11.5. Exemplo: o impacto da microgestão e do foco em fofocas

Em outra situação observada, o líder de uma empresa tinha uma abordagem de gestão que envolvia um nível elevado de microgestão. Esse líder insistia em saber todos os detalhes da operação diária, desde pequenas fofocas até minúcias de cada tarefa realizada. A atenção excessiva a esses detalhes, especialmente ao valorizar quem trazia informações sobre o que estava acontecendo entre os membros da equipe, gerava um ambiente de trabalho desconfortável e dividido.

O líder não apenas focava nos aspectos operacionais, mas também dava atenção desproporcional aos detalhes pessoais dos colaboradores. Em vez de direcionar a energia para questões estratégicas e melhorias operacionais, ele frequentemente se envolvia em pequenos conflitos e discutia a vida pessoal dos funcionários.

No próximo capítulo, aprofundaremos mais a discussão desse assunto, que é um problema muito comum nas empresas onde já atuei e cujos impactos são avassaladores para a produtividade e o comportamento da equipe.

# A VERDADEIRA LIDERANÇA ATIVA É AQUELA QUE PROMOVE A AUTONOMIA, CONFIA NA EQUIPE E RECONHECE A IMPORTÂNCIA DE UMA GESTÃO EQUILIBRADA.

# 12

# CONSEQUÊNCIAS DA MICROGESTÃO E DA VALORIZAÇÃO DE FOFOCAS

Microgestão refere-se ao estilo de liderança no qual o gestor supervisiona minuciosamente e controla excessivamente o trabalho de seus colaboradores, focando detalhes menores em vez de delegar e confiar nas capacidades da equipe. Esse comportamento pode gerar um ambiente de trabalho opressor, limitando a autonomia e a criatividade dos colaboradores. Segundo Jim Collins, autor de ***Empresas feitas para vencer***, "os grandes líderes estabelecem o destino e confiam na equipe para encontrar o caminho". A microgestão, em contrapartida, interfere constantemente no processo, impactando negativamente a moral da equipe e o desempenho organizacional.

Esse tipo de abordagem gera diversas consequências negativas para a empresa:

- **Redução da moral da equipe:** a microgestão e a valorização de fofocas criam um ambiente de desconfiança e insegurança. Os colaboradores se sentem vigiados e desvalorizados, o que impacta diretamente no seu moral e na sua motivação. Como afirma Daniel Pink em ***Motivação 3.0***, a autonomia é um dos pilares da motivação. Quando a liberdade é sufocada pela supervisão excessiva, a moral da equipe diminui, prejudicando o engajamento e o desempenho.

- **Desvio de foco das prioridades:** a gestão excessiva de pequenos detalhes desvia a atenção das questões mais importantes e estratégicas. Em vez de focar atividades que impulsionem o crescimento e a eficiência, a equipe acaba gastando tempo lidando com questões menores e conflitos internos. Peter Drucker também destacou esse problema quando afirmou: "Gerenciamento é fazer as coisas corretamente; liderança é fazer as coisas certas". A microgestão frequentemente leva a equipe a se concentrar em problemas triviais, afastando-os das metas mais amplas.
- **Inibição da inovação e da proatividade:** o medo de ser constantemente observado ou criticado por detalhes menores inibe a criatividade e a iniciativa dos colaboradores. Quando o líder interfere em cada pequena ação, a equipe se torna cautelosa e hesita em propor novas ideias ou melhorias, temendo a reação do gestor. Como menciona Gary Hamel em *O futuro da administração*, a inovação exige um ambiente que permita experimentação e falhas. A microgestão sufoca essa liberdade, limitando a capacidade da equipe de gerar novas ideias.
- **Fragmentação da equipe:** a valorização de pequenos conflitos dentro da organização divide a equipe e prejudica a coesão. Em vez de colaborar,

os membros da equipe se veem imersos em intrigas e desconfianças, o que dificulta o trabalho em equipe e a colaboração. Como disse Patrick Lencioni, autor de *Os cinco desafios das equipes*, “a falta de confiança é a principal causa de disfunções em uma equipe”.

A microgestão não apenas prejudica a produtividade e eficiência, mas também gera um ambiente de trabalho tóxico, onde a moral é baixa, a inovação é suprimida e a colaboração é minada. Os líderes que se concentram em controlar todos os aspectos do trabalho dos seus colaboradores, em vez de confiar e delegar, criam um ciclo negativo que afeta diretamente o crescimento e a coesão da equipe.

## 12.1. Lição: o valor de focar o essencial e promover um ambiente de confiança

Uma liderança excessivamente preocupada com detalhes menores e fofocas pode ter um impacto devastador na cultura e na produtividade da empresa. É essencial que os líderes se concentrem no que realmente importa e criem um ambiente de trabalho baseado em confiança e respeito.

Para alcançar uma liderança realmente eficaz:

- **priorize questões estratégicas**, direcionando sua atenção para as questões que impactem diretamente o sucesso da empresa, pois focar aspectos estratégicos e operacionais importantes ajuda a manter a equipe alinhada e motivada;
- **promova um ambiente de confiança e respeito**, evitando criar um ambiente onde os colaboradores se sintam vigiados ou desvalorizados, e incentive a transparência, a comunicação aberta e o respeito mútuo;
- **encoraje a inovação e a iniciativa** por meio de suporte e estímulo, para que os colaboradores proponham novas ideias e tomem iniciativas, pois uma liderança que valoriza a inovação e a proatividade contribui para o crescimento e o sucesso da empresa;
- **foque o desenvolvimento e o crescimento da equipe:** em vez de se concentrar em detalhes menores e fofocas, concentre-se no desenvolvimento e no crescimento dos colaboradores, reconheça e recompense seus esforços e conquistas e ofereça oportunidades para seu aprimoramento.

A verdadeira liderança ativa exige um equilíbrio entre a supervisão e a autonomia. É fundamental criar um ambiente onde os colaboradores se sintam valorizados e motivados a contribuir para o sucesso da empresa. Ao focar o essencial e promover a confiança e o respeito, os líderes podem criar uma equipe engajada e produtiva, capaz de alcançar grandes realizações.

## 12.2. Lição: investir no desenvolvimento e na retenção de talentos

Uma abordagem de liderança mais eficaz envolve investir no desenvolvimento e na retenção de talentos. Em vez de tratar os colaboradores como descartáveis, é essencial oferecer *feedback* construtivo, identificar oportunidades para crescimento e buscar soluções para superar dificuldades. Construir um ambiente onde os funcionários se sintam valorizados e apoiados resulta em maior engajamento e lealdade, além de contribuir para o sucesso sustentável da empresa.

A verdadeira liderança requer um compromisso com o crescimento e o bem-estar dos colaboradores. Ao investir no desenvolvimento da equipe e tratar os funcionários com respeito e consideração, os líderes podem criar uma cultura positiva e produtiva, que impulsione o sucesso da empresa.

## 12.3. A necessidade de decisões ágeis e ponderadas

É crucial reconhecer que a demissão de um colaborador pode ser necessária quando não há melhora mesmo após capacitação, treinamento e *feedback*. A decisão deve ser feita com cautela e rapidez, uma vez que o líder já tenha tentado todas as abordagens possíveis para resolver a ineficiência.

O processo de contratação deve ser minucioso para garantir que se escolham pessoas comprometidas e adequadas para o papel. Isso reduz o risco de problemas futuros e aumenta a probabilidade de sucesso e satisfação no trabalho.

## 12.4. Lição: equilibrar ponderação e decisão rápida

A verdadeira liderança envolve equilibrar a necessidade de dar oportunidades e ouvir a equipe com a necessidade de tomar decisões rápidas quando necessário. Um líder deve estar atento às necessidades da equipe e pronto para agir quando as circunstâncias exigirem.

Investir no desenvolvimento dos colaboradores e, ao mesmo tempo, manter o controle da gestão e tomar decisões necessárias com agilidade é essencial para criar um ambiente de trabalho positivo e produtivo.

**Reflexão**

**Agora, pergunto a você: em qual desses exemplos de liderança você se reconhece?**

______________________________________________

______________________________________________

______________________________________________

______________________________________________

______________________________________________

**Você está investindo no desenvolvimento da sua equipe, criando um ambiente positivo e sabendo quando agir rapidamente para manter a eficácia?**

______________________________________________

______________________________________________

______________________________________________

______________________________________________

______________________________________________

Lembre-se, a maneira como você lidera pode fazer toda a diferença no sucesso da sua empresa e no bem-estar do seu time.

13
N
SE

# MENTALIDADE DE SUCESSO (*MINDSET*)

O sucesso começa na mentalidade. Adotar um *mindset* de crescimento, resiliência e persistência não é apenas uma escolha, mas um diferencial crucial que separa empresas comuns de empresas extraordinárias. Esse *mindset* é moldado não apenas pelas experiências e desafios, mas também pela maneira como escolhemos enfrentá-los.

Reconheça e desafie as crenças que limitam seu potencial. Essas crenças, muitas vezes, surgem de experiências passadas ou de padrões negativos de pensamento que não refletem suas verdadeiras capacidades. Superar essas barreiras é essencial para desbloquear todo o seu potencial e alcançar novos patamares de sucesso.

Transforme desafios em oportunidades de aprendizado. Enfrentar dificuldades com uma mentalidade positiva e resiliente não é apenas uma habilidade, é uma arte. Cada obstáculo deve ser visto como uma chance de crescimento, não como um fim de linha. Descobri que só não conseguimos dar um jeito na morte, caso contrário, já haveria trazido meu pai de volta.

Desenvolva hábitos diários que alinhem suas ações aos seus objetivos estratégicos. A disciplina é a ponte entre metas e realizações. Sem ela, até mesmo as melhores estratégias podem falhar.

Esteja sempre aberto(a) a novas ideias e melhorias. A inovação não é uma opção, mas uma necessidade para manter a relevância e a competitividade. A capacidade de se reinventar constantemente é o que separa os líderes dos seguidores.

Todos nós temos as mesmas 24 horas no dia. O que define a diferença entre quem prospera e quem estagna é a forma como essas horas são usadas. Reflita profundamente sobre como você está gerenciando suas prioridades e se está alocando o seu tempo de maneira que realmente contribua para seu sucesso. Em uma corrida, a distância entre o campeão e os demais perdedores é mínima, ou seja, cada detalhe, cada atitude tomada com clareza em direção ao seu objetivo, faz a diferença.

Aprofunde-se no entendimento de si mesmo. Compreender seu temperamento, estilo de liderança e áreas de desenvolvimento é fundamental para a evolução contínua. O autoconhecimento permite que você se ajuste, se adapte e cresça de maneira mais eficaz. A autorreflexão constante sobre suas ações e decisões é crucial para se manter no caminho do sucesso.

O diálogo interno em primeira pessoa pode ser uma ferramenta transformadora. Ao afirmar suas metas e crenças de forma assertiva, você reforça seu compromisso com o sucesso. Dizer a si mesmo, "Eu sou capaz de enfrentar qualquer desafio", "Eu estou constantemente crescendo e aprendendo" e "Eu mantenho uma atitude positiva frente aos obstáculos" não é apenas motivacional, é uma declaração de sua determinação e autoconfiança.

**Exemplo pessoal**

A mentalidade de sucesso que desenvolvi foi profundamente influenciada pela visão resiliente de meu pai. Mesmo quando enfrentávamos dificuldades financeiras e não tínhamos dinheiro, ele nunca se considerava pobre. Ele via os desafios como oportunidades e mantinha uma mentalidade de abundância e resolução frente às adversidades. Essa abordagem me ensinou a nunca ver os desafios como barreiras, mas como trampolins para o crescimento.

Minha trajetória não foi marcada apenas por desafios profissionais. Quando minha padaria faliu e eu enfrentei crises financeiras e pessoais, poderia ter desistido, mas cada fracasso foi uma oportunidade para aprender e melhorar. Essa resiliência e a determinação para superar crenças limitantes foram fundamentais para transformar minha trajetória e alcançar o sucesso. Por isso, a minha metodologia trabalha o *mindset* empresarial.

O exercício a seguir pode ajudar empreendedores e gestores a adotarem uma mentalidade mais positiva e produtiva em relação às finanças da empresa.

### 1. Identificação de crenças limitantes

**Objetivo:** identificar crenças limitantes sobre dinheiro e finanças.

**Ação:** faça uma lista das suas crenças negativas em relação ao dinheiro e às finanças empresariais. Pergunte-se:

**Quais são minhas principais preocupações financeiras?**

**Quais frases negativas eu repito sobre o dinheiro?**

**O que meus pais ou mentores me ensinaram sobre dinheiro?**

## 2. Desafie suas crenças

**Objetivo:** analisar e questionar a veracidade dessas crenças limitantes.

**Ação:** para cada crença limitante identificada, pergunte-se:

**Essa crença é realmente verdadeira?**

**Se for falsa, qual é a evidência de que essa crença é falsa?**

**Como essa crença me impede de alcançar meus objetivos financeiros?**

**3. Reformule suas crenças**

**Objetivo:** transformar crenças limitantes em crenças positivas e capacitadoras.

**Ação:** para cada crença limitante, escreva uma afirmação positiva oposta. Por exemplo:

· **Crença limitante:** "Nunca terei sucesso financeiro com meu negócio".

· **Crença positiva:** "Tenho as habilidades e os recursos necessários para ter sucesso financeiro com meu negócio".

**4. Visualização**

**Objetivo:** visualizar o sucesso financeiro da empresa.

**Ação:** reserve um tempo diário para fechar os olhos e visualizar:

- sua empresa alcançando metas financeiras;
- você tomando decisões financeiras sábias;
- seus clientes satisfeitos e recomendando a sua empresa;
- a estabilidade e o crescimento financeiro do seu negócio.

**5. Ação positiva**

**Objetivo:** tomar ações concretas que estejam alinhadas com suas novas crenças.

**Ação:** faça uma lista de ações que você pode tomar para melhorar as finanças da sua empresa, como:

- elaborar um plano financeiro detalhado;
- buscar consultoria financeira;
- participar de cursos de educação financeira;
- implementar estratégias de redução de custos ou aumento de receitas.

**6. Monitoramento e ajuste**

**Objetivo:** monitorar o progresso e ajustar as ações conforme necessário.

**Ação:** defina metas financeiras mensuráveis e revise-as regularmente. Para definir suas metas, pergunte-se:

**Essa ação serve para avançar em direção às minhas metas financeiras?**

________________________________________

________________________________________

________________________________________

________________________________________

**Quais ajustes preciso fazer na minha abordagem?**

**Estou mantendo uma mentalidade positiva e produtiva em relação às finanças?**

### 7. Gratidão e reconhecimento

**Objetivo:** cultivar uma atitude de gratidão pelo progresso financeiro.

**Ação:** diariamente, escreva três coisas pelas quais você é grato(a) em relação às finanças da sua empresa. Isso pode incluir:

- conquistas financeiras recentes;
- oportunidades de aprendizado;
- suporte de clientes, colaboradores ou mentores.

A reprogramação mental financeira empresarial é um processo contínuo que exige consciência, esforço e persistência. Ao seguir esses passos regularmente, você pode transformar sua mentalidade financeira, levando a uma gestão mais eficaz e ao sucesso duradouro do seu negócio.

<u>Dicas adicionais</u>

- **Educação contínua:** leia livros, participe de *workshops* e busque conhecimento constante sobre finanças e gestão empresarial.
- **Mentoria:** encontre um mentor financeiro ou empresarial para orientação e suporte.
- **Autocuidado:** cuide da sua saúde mental e física para manter uma mente clara e focada.

Ao trabalhar o nosso *mindset*, modificamos a nossa percepção sobre o que é possível, abrimos espaço para a criatividade, a resiliência e a liderança eficaz. Empresas lideradas por indivíduos com uma mentalidade voltada para o crescimento tendem a se destacar no mercado, pois estão mais aptas a adaptar-se às mudanças, superar adversidades e explorar oportunidades inovadoras. Além disso, essa transformação interna reflete-se na cultura organizacional, promovendo um ambiente onde todos são encorajados a contribuir com ideias valiosas e trabalhar coletivamente em direção ao sucesso empresarial.

Lembre-se de que não se trata apenas de mudar como pensamos individualmente, mas de transformar radicalmente como operamos em nível empresarial. Ao adotarmos essa nova mentalidade, estamos não só capacitando-nos para alcançar objetivos financeiros ambiciosos, mas também fomentando um ecossistema empresarial vibrante, inovador e resiliente.

# A CAPACIDADE DE SE REINVENTAR CONSTANTEMENTE É O QUE SEPARA OS LÍDERES DOS SEGUIDORES.

# 14

# A FORÇA DE UM LEGADO: AMOR, LUTO E SUPERAÇÃO

Nossa família sempre foi extremamente unida, e isso é algo que sempre valorizei profundamente. Em 30 de maio de 2017, fomos agraciados com uma das maiores bênçãos: o nascimento do meu sobrinho Thomais, filho do meu irmão Bismarki e da minha cunhada Kelly. A chegada dele marcou o início de uma nova fase em nossas vidas. Eu já me sentia realizada em muitos aspectos como empresária, palestrante e madrinha de seis afilhados, mas Thomais trouxe uma nova alegria, algo que me fez sentir plenamente completa.

Durante esse período de felicidade e crescimento pessoal, meu relacionamento com meu pai também se intensificou. Ele sempre foi meu herói, um mentor que estava sempre disponível para compartilhar a sua sabedoria, oferecer conselhos e que ensinava também com seu exemplo de vida. Embora nos amássemos profundamente, nosso temperamento semelhante gerava conflitos. Ambos éramos coléricos, arrojados e determinados. Quando me mudei para Cuiabá e comecei a estudar comportamento e perfis pessoais, entendi que nossos atritos tinham origem em nossa similaridade. Esse autoconhecimento foi transformador para mim; comecei a mudar meu comportamento e nossa relação floresceu.

Foi uma lição valiosa que me trouxe mais paz e proximidade com meu pai; na verdade, com toda minha família. Passei a reconhecer o perfil de cada um, e mudei minha forma de agir. Por isso, incluí o autoconhecimento e o desbloqueio de crenças limitantes em minha metodologia "O Poder do Lucro". Não podemos mudar os outros, mas podemos mudar a nós mesmos, e isso já é suficiente para transformar relações.

Em 2016, fizemos uma viagem incrível para visitar parentes em Santa Catarina e no Rio Grande do Sul. Eu era a motorista de um dos carros, levando minha mãe, minha avó e duas amigas, enquanto meu pai dirigia o outro veículo com meus tios. Durante toda a viagem, eu sentia o orgulho no olhar dele ao me ver como uma mulher independente e corajosa. Meu pai dizia: "Minha bonequinha virou uma leoa". Foi um tempo maravilhoso que passamos juntos, um momento em que nossos laços se tornaram ainda mais profundos e as risadas ecoavam como música em nossos corações.

No mesmo ano, decidi morar sozinha e aluguei um apartamento em Cuiabá. Meu pai e minha mãe logo vieram me visitar. Ele se preocupava com o fato de eu ainda morar de aluguel, pois para ele, ter uma casa própria representava segurança.

Em julho de 2018, durante uma de suas visitas, ele me disse: “Minha filha, o que eu mais quero é que você saia do aluguel e compre sua casa”. Prometi a ele que em 2019 isso aconteceria, mas mal sabíamos que 2018 traria o maior teste de nossas vidas.

Era quase Dia dos Pais, 11 de agosto de 2018. Eu estava em Cuiabá, imersa em uma semana cheia de compromissos. Durante aqueles dias, comecei a sentir uma angústia crescente, como se uma densa sombra estivesse se estabelecido ao meu redor. A letra de uma música não saía da minha cabeça: “Segura na mão de Deus e vai”. A melodia repetitiva tornava-se um eco inquietante em minha mente, e a cada verso, sentia uma necessidade crescente de proteção.

Na sexta-feira, a angústia se intensificou, e as lágrimas vieram sem explicação. O pressentimento de que algo terrível se aproximava me consumia. Decidi, de última hora, viajar para Terra Nova do Norte e passar o Dia dos Pais com minha família. Avisei meus pais que estava a caminho. Meu pai, que estava na fazenda, logo se preparou para me esperar em casa, sem saber que o destino estava prestes a nos separar para sempre.

Por volta das 15h, enquanto eu ainda dirigia, meu pai sofreu um grave acidente de trabalho. Meu irmão e meu primo Flávio o socorreram desesperadamente, mas ao chegarem ao hospital, receberam a notícia devastadora: nosso pai havia partido. Ele cumprira sua missão aqui na terra.

Eu, ainda sem saber de nada, continuava dirigindo, imersa naquela canção que parecia se tornar um mantra sombrio. As pessoas decidiram não me avisar enquanto eu estava na estrada, para garantir que eu chegasse em segurança. Mas a angústia no meu peito só crescia, uma tempestade de sentimentos misturados me atormentava. Em vários momentos, questionei se algo terrível também me aguardava.

Quando cheguei à cidade, recebi uma mensagem: "Vá direto para a casa do seu irmão". Meu coração acelerou em uma dança frenética de medo e expectativa. Ao me aproximar, vi muitas pessoas reunidas, e um gelo percorreu minha espinha. Desci do carro e, ao ser cercada por familiares, ouvi as palavras que eu jamais queria ouvir: "Seu pai morreu".

O mundo desabou. O chão sumiu debaixo dos meus pés. Segurando os presentes que havia comprado para ele, chorei como nunca, um pranto profundo e incontrolável. A dor era insuportável. O homem que eu amava, que me ensinou a ser forte, não estava mais aqui. E em meio ao luto, uma pergunta ecoava em minha mente: como eu poderia continuar sem a sua orientação?

Enquanto as lágrimas caíam, lembrei da música que vinha me acompanhando durante toda a viagem: "Segura na mão de Deus e vai". E naquele momento, percebi que eu devia libertá-lo, que devia respeitar o curso do seu caminho para a vida espiritual: "Vai, meu pai, e não olhes para trás", como diz a continuação da música. Eu sabia que ele ainda estava comigo, porém agora de uma forma diferente. Ele havia me deixado o maior legado de todos: amor, força e fé. Mesmo na sua ausência física, ele continuava presente na minha vida, um guia invisível que nunca me abandonaria.

> O Senhor está perto dos que têm o coração quebrantado e salva os de espírito abatido. (Salmos 34:18)

Foi com essa fé que eu também segurei a mão de Deus e segui adiante. Com o coração em pedaços, mas cheio de gratidão pelo tempo que tivemos juntos, continuei minha jornada. E tenho a certeza de que a força do seu amor me sustentará para sempre, mesmo nas noites mais escuras, quando a saudade apertar e as lágrimas ameaçarem voltar. Ele será o meu farol, a luz que nunca se apagará, e em cada passo, eu sentirei a presença do seu amor, um legado que transcende a vida.

# 15

# A VIDA SURPREENDE: ENTRE A SAUDADE E O AMOR

Naquele período de luto pela perda do meu pai, me refugiei no trabalho e praticamente deixei minha vida social em segundo plano. Morando em Cuiabá, longe da família e sem parentes por perto, muitas vezes me questionei: "O que estou fazendo aqui, sozinha nesta cidade?" Mas logo vinha uma voz interna que me lembrava: "Você está seguindo o seu propósito".

Aos fins de semana, a tristeza batia forte, e eu recusava qualquer convite para sair. Foi então que entrou em cena minha amiga Katia Santos, uma pessoa que jamais poderia deixar de mencionar. Katia esteve ao meu lado 100% do tempo, se ela não estava no trabalho, estava comigo. Nunca me deixou sozinha, fazendo de mim uma prioridade. Isso é algo que não tem preço.

Um belo dia, Katia chegou à minha casa decidida: "Amiga, neste final de semana eu quero sair, e você vai comigo nem que eu tenha que te amarrar!", disse ela, rindo. Naquele momento, algo mudou em mim, e senti uma vontade inesperada de sair, algo leve e libertador. Eu disse: "Tá bom, eu vou. Mas se eu for, vou arrumar um namorado!" Sem perder tempo, ela respondeu: "Então, vamos logo!". Brinquei: "Já cansou de mim?" E Katia, sempre rápida, respondeu: "Claro que não! Eu só quero o seu melhor, e se o seu melhor agora é encontrar um namorado, eu apoio completamente".

Nós nos arrumamos e fomos para a balada. E quem disse que não se encontra pessoas boas para namorar na balada? Naquela noite, sem a menor expectativa, conheci Paulo Dorileo, o homem que não só se tornaria meu marido, mas meu parceiro de vida em todos os sentidos. Desde o primeiro momento, Paulo esteve ao meu lado, me apoiando em cada passo da minha jornada, nos momentos de maior alegria e, principalmente, nos desafios mais difíceis.

Quando falo da nossa união, não posso deixar de mencionar a intercessão de Nossa Senhora, que sempre esteve presente tanto na minha história quanto na dele, mas vamos deixar os detalhes para um próximo livro. O que preciso mencionar aqui é que ele ajudou a me resgatar do luto do meu pai e que, olhando para o caminho que trilhamos juntos, o que construímos vai muito além de uma história de amor, é uma verdadeira parceria de vida, na qual um complementa o outro.

Mas o que tudo isso tem a ver com metodologia "O Poder do Lucro"? Tudo. Pois, nesse momento, eu estava com a metodologia estruturada e cada passo que dava era espelhado no meu método.

Agora, vamos praticar!

# 16

# EXERCÍCIOS

## 1. Mentalidade de sucesso e resiliência

*Exercício 1: Transformando desafios em oportunidades*

Eu aprendi muito cedo que a forma como você encara os desafios define até onde você vai. Quando minha padaria faliu, eu poderia ter me afundado na frustração, mas, em vez disso, escolhi ver aquilo como uma oportunidade para aprender e melhorar. E essa foi uma lição que meu pai me ensinou: as dificuldades são oportunidades disfarçadas. Então, pare um minuto agora e pense em um desafio que você está enfrentando.

**Como você pode transformá-lo numa oportunidade de crescimento? Faça uma lista de pelo menos três ações que você possa tomar para virar o jogo.**

________________________________________

________________________________________

________________________________________

________________________________________

________________________________________

## 2. Superação do luto e manutenção do propósito

*Exercício 2: Encontrando força em tempos de adversidade*

Quando meu pai faleceu, foi um dos momentos mais difíceis da minha vida, mas eu sabia que tinha um propósito maior a seguir. Agora, eu quero que você pense em uma fase desafiadora pela qual tenha passado ou que está enfrentando no momento.

**Como você pode usar essa dor ou adversidade para fortalecer seu compromisso com o seu propósito? Escreva sobre isso e veja como, muitas vezes, é justamente nos momentos mais difíceis que encontramos nossa verdadeira força.**

____________________________________________

____________________________________________

____________________________________________

____________________________________________

____________________________________________

## 3. Construção de conexões significativas

*Exercício 3: Cultivando relações de apoio*

Eu nunca teria superado algumas fases da minha vida sem a minha família e as pessoas que confio ao meu redor. Essas relações são fundamentais para o nosso crescimento. Então, agora, pense nas pessoas que estão ao seu lado.

**Quem são aquelas que impulsionam e apoiam você e querem o seu melhor? Faça uma lista dessas pessoas e se comprometa a reforçar esses laços. Pode ser com uma ligação, um encontro ou até uma mensagem para dizer o quanto elas são importantes.**

## 4. Encontrando propósito e direção

*Exercício 4: Redefinindo e reafirmando o seu propósito*

Depois de perder o meu pai, me questionei muitas vezes sobre o que estava fazendo em Cuiabá, sozinha e longe da família, mas, no fundo, eu sabia que estava seguindo meu propósito. Às vezes, a vida nos testa, mas é importante lembrar o motivo pelo qual começamos nossa jornada.

**Agora, pense: qual é o seu propósito? O que faz você levantar da cama todos os dias? Reafirme esse propósito escrevendo-o em detalhes. Se você ainda não tem clareza sobre isso, escreva o que lhe move, mesmo que pareça pequeno agora. Isso vai lhe dar uma direção.**

### 5. Reavaliação e planejamento

*Exercício 5: Revisão e planejamento estratégico pessoal*

Em vários momentos da minha vida, precisei parar, reavaliar e planejar os próximos passos. Foi assim quando minha padaria fechou e foi assim quando eu comecei a criar a metodologia "O Poder do Lucro". Agora é a sua vez. Faça uma revisão dos últimos seis meses da sua vida.

**Quais foram os seus maiores aprendizados? E quais são os próximos passos? Escreva três objetivos que você quer alcançar nos próximos meses e crie um plano de ação para cada um deles. Lembre-se: o planejamento é o que vai ajudá-lo(a) a transformar sonhos em realidade.**

O que eu quero com esses exercícios? Quero que você pegue as rédeas da sua vida, assim como eu fiz. Não importam os obstáculos, sempre há uma maneira de transformá-los em oportunidades para crescer e conquistar. Então, vamos lá!

## 16.1. Transforme pensamentos negativos em pensamentos positivos

### 1. Exercício de afirmações positivas

Afirmações são declarações que reforçam crenças positivas sobre si mesmo e a vida. O objetivo é substituir padrões de pensamento negativos ou limitantes por crenças poderosas de prosperidade.

**Objetivo:** reforçar a crença em sua capacidade de prosperar e criar uma mentalidade voltada para o sucesso.

**Como fazer:**

- Escreva de 5 a 10 afirmações relacionadas à prosperidade e ao sucesso, como:
    - "Eu mereço prosperar em todas as áreas da minha vida."
    - "Eu sou capaz de criar abundância com meus talentos e esforços."
    - "Cada desafio que enfrento me aproxima da minha realização financeira."
- Repita essas afirmações diariamente, pela manhã e antes de dormir, em frente ao espelho, olhando diretamente nos seus olhos.

- Você pode fazer uma gravação em áudio, com a sua própria voz, verbalizando as afirmações e ouvi-la repetidamente. Isso é muito poderoso e quebra o efeito das repetidas afirmações negativas que ouvimos durante toda a vida e continuamos ouvindo todos os dias, inclusive em pensamento, de nós mesmos.

**2. Visualização de abundância**

A visualização é uma ferramenta poderosa para "treinar" a mente a buscar prosperidade, conectando-se emocionalmente aos objetivos de sucesso.

**Objetivo:** ajudar a mente a se concentrar nas oportunidades e fortalecer o alinhamento emocional com seus desejos de prosperidade.

**Como fazer:**

- Encontre um local tranquilo e feche os olhos.
- Visualize-se vivendo a vida próspera que deseja: veja-se alcançando suas metas financeiras, liderando um negócio de sucesso, desfrutando de uma vida abundante.
- Concentre-se nos detalhes: como você se sente? Onde você está? Quem está ao seu lado? Sinta a gratidão e a satisfação que essas conquistas trazem.

- Pratique essa visualização diariamente por 10 minutos.

**3. Exercício de gratidão**

A gratidão é um dos fatores mais poderosos para reprogramar a mente para a prosperidade. Ao focar o que já tem, você abre espaço para mais coisas boas.

**Objetivo:** aumentar a sensação de abundância e mudar o foco da falta para o que já está presente e funcionando bem na sua vida.

**Como fazer:**

- Todos os dias, escreva de três a cinco coisas pelas quais você é grato, incluindo aspectos financeiros ou materiais. Exemplos: “Sou grato por minha capacidade de aprender e crescer”, “Sou grato por cada oportunidade de prosperar”.
- Faça isso pela manhã ou à noite.

**4. Mudança de crenças limitantes**

Identificar e transformar crenças limitantes é essencial para quebrar padrões que impedem a prosperidade.

**Objetivo:** reprogramar as crenças negativas que limitam sua capacidade de prosperar.

**Como fazer:**

- Liste todas as crenças negativas que você tem em relação ao dinheiro, sucesso e prosperidade (ex.: "Dinheiro é difícil de ganhar", "Não mereço ser rico").
- Para cada crença, escreva uma nova afirmação positiva que a contrarie (ex.: "Dinheiro flui facilmente para mim", "Eu mereço abundância").
- Sempre que perceber esses pensamentos limitantes surgindo, substitua-os conscientemente pela nova afirmação.

**5. Gestão de prioridades**

**Objetivo:** aprender a priorizar atividades que realmente contribuem para seus objetivos de prosperidade.

**Como fazer:**

- Identificação das prioridades
    - o Comece listando seus principais objetivos de curto e longo prazo. Pode ser desde uma meta profissional até um objetivo pessoal importante.
    - o Anote todas as atividades e tarefas que você realiza regularmente. Depois, identifique quais dessas atividades são mais relevantes para alcançar seus objetivos.

- <u>Avaliação das prioridades</u>
    - o Classifique suas atividades em três categorias:
        1. alta prioridade: atividades que diretamente ajudam a alcançar seus objetivos e têm impacto significativo;
        2. média prioridade: atividades que são importantes, mas não têm um impacto imediato ou direto;
        3. baixa prioridade: atividades que podem ser adiadas ou delegadas, e têm menor impacto nos seus objetivos.
- <u>Ajuste de rotina</u>
    - o Reorganize seu tempo com base na classificação de prioridades e ajuste sua rotina diária. Foque em atividades de alta prioridade e veja como pode minimizar ou delegar as de baixa prioridade.
    - o Crie um plano semanal onde as atividades de alta prioridade são destacadas e agendadas em primeiro lugar.
- <u>Revisão e ajustes</u>
    - o Ao final de cada semana, revise o seu plano e os resultados. Pergunte-se se as prioridades estão sendo cumpridas e se houve progresso nos seus objetivos.

- o Se necessário, faça ajustes nas suas prioridades e na forma como você organiza o seu tempo para garantir que continue avançando em direção aos seus objetivos.

**6. Exercício de desafio de conforto**

A prosperidade, muitas vezes, exige que você saia da sua zona de conforto. Este exercício visa fortalecer a coragem e aumentar a resiliência.

**Objetivo:** treinar a mente para enfrentar o desconforto e os desafios com uma mentalidade de crescimento, que é essencial para alcançar a prosperidade e ter uma empresa altamente lucrativa.

**Como fazer:**

- Faça uma lista de cinco ações que o(a) desafiem e o(a) tirem da zona de conforto, mas que possam aproximá-lo(a) dos seus objetivos (ex.: ligar para um potencial cliente, falar em público, aprender uma nova habilidade).
- Faça uma dessas ações por dia durante a semana.
- Refletir após cada ação: "Como eu me senti ao fazer isso? O que aprendi?"

**7. Exercício de alinhamento com o propósito**

Relembrar o seu propósito e conectar as suas ações a ele ajuda a manter o foco em direção à prosperidade.

**Objetivo:** manter a clareza e o foco naquilo que realmente importa, evitando distrações.

**Como fazer:**

- Escreva em um papel qual é o seu propósito maior. Exemplo: "Eu quero criar uma vida próspera para mim e minha família, utilizando meus talentos para ajudar os outros".
- Para cada ação importante do seu dia, pergunte-se: "Essa ação está me aproximando ou me afastando do meu propósito?".
- Sempre que sentir dúvida ou desmotivação, releia o que você escreveu sobre seu propósito.

Estes exercícios são desenhados para ajudar você a reformular sua mentalidade, fortalecer sua resiliência e se conectar com uma vida de prosperidade. O mais importante é que sejam realizados de forma contínua e consciente.

## 16.2. Acompanhamento e ajustes contínuos

Depois de implementar a metodologia "O Poder do Lucro", o acompanhamento constante é crucial para manter a empresa na direção certa.

Ações:

- **Revisões periódicas do planejamento estratégico:** avalie o progresso da empresa em relação às metas estabelecidas e ajuste o planejamento conforme necessário.
- **Monitoramento financeiro constante:** acompanhe os resultados financeiros mensalmente, garantindo que os lucros estejam crescendo conforme esperado.
- **Avaliação do engajamento da equipe:** realize pesquisas de clima organizacional e engajamento para garantir que sua equipe esteja satisfeita e produtiva.

Exemplo pessoal

Eu sempre faço revisões regulares do meu planejamento estratégico e acompanho de perto as métricas financeiras e o engajamento da equipe. Foi esse acompanhamento constante que me ajudou a crescer de forma sustentável.

# 17

# SUPERANDO DESAFIOS E EXPANDINDO HORIZONTES: A CORAGEM DE OUSAR E AJUSTAR A ROTA

Em 2019, eu vivia um período de intenso crescimento, tanto no âmbito pessoal quanto profissional. Havia acabado de consolidar minha metodologia "O Poder do Lucro" e estava empolgada com os próximos desafios que se apresentavam. Foi também nesse ano, em novembro, que conheci Paulo, uma pessoa que transformaria minha vida para sempre. Desde o momento em que nos encontramos, nunca mais nos separamos.

Contudo, a chegada da pandemia em 2020 trouxe uma das maiores crises globais já enfrentadas. Mesmo diante desse cenário desafiador, decidi que não deixaria a adversidade me abater. Continuei com o trabalho a todo vapor, convicta de que até nos momentos mais críticos é possível enxergar novas oportunidades para evoluir.

Enquanto muitas empresas estavam estagnadas, enxerguei na pandemia uma chance única de repensar meus projetos e traçar novos caminhos para a expansão dos meus negócios. Esse período de pausa forçada me deu a clareza para diversificar meu portfólio e ampliar ainda mais minha atuação. A partir de 2020, comecei a identificar oportunidades que complementariam e fortaleceriam o trabalho que já vinha desenvolvendo com a minha empresa CR Consultoria e Treinamentos.

## 17.1. Multiplicando sonhos e resultados: o poder das parcerias estratégicas

Meu relacionamento com Paulo floresceu rapidamente, e em 2021, com o fim da pandemia, decidi finalmente realizar o sonho do meu pai de comprar uma casa. Quando compartilhei essa decisão com Paulo, ele me surpreendeu com uma proposta inesperada: "Nosso relacionamento está prosperando, nós nos amamos. Por que você compraria uma casa sozinha? Vamos realizar o sonho do seu pai e o nosso sonho de formar uma família. Vamos comprar juntos".

A proposta me pegou de surpresa, mas aceitei sem hesitar. A partir daquele momento, começamos a buscar nossa casa dos sonhos, e o que era inicialmente uma promessa ao meu pai se transformou em um plano de vida a dois.

Em 2022, lancei meu primeiro curso on-line de BPO Financeiro. Atuando nessa área desde 2016, percebi uma carência de profissionais qualificados no mercado para atender à crescente demanda. Nesse curso, além de ensinar, conecto os meus alunos a clientes reais, garantindo que recuperem o investimento feito em menos de três meses.

Uma aluna em especial se destacou desde o início. Proativa, inteligente e determinada, ela demonstrou um interesse genuíno em crescer. Ao final do curso, além de participar da mentoria, tornou-se minha sócia na primeira unidade da CR Gestão Inteligente, em Florianópolis, Santa Catarina. Grasiela Shimitt assumiu a posição de CEO da CR SC, e mais uma vez vi o poder das parcerias para multiplicar resultados. Foi um ano de grande expansão nos meus negócios.

Entretanto, eu almejava mais e resolvi ajudar mais empresários, agora oferecendo serviços de contabilidade. Apesar de a minha formação acadêmica ser nessa área, nunca havia atuado diretamente em um escritório contábil. Sentia que era o momento certo para explorar esse campo, mas sabia que precisaria de um parceiro estratégico. Assim, junto com alguns sócios, abri um escritório de contabilidade.

No entanto, mesmo com todos os esforços, o negócio não prosperou como esperávamos. Após cerca de dez meses, decidimos fechar as portas e dissolver a sociedade. Essa foi uma decisão difícil, mas absolutamente necessária. Empreender é isso: nem sempre as coisas saem como o planejado, e ajustar a rota faz parte da jornada. Contudo, o desejo de ter uma empresa de contabilidade no meu portfólio nunca saiu da minha cabeça. Sabia que era apenas uma pausa para redefinir a rota.

Nesse período, minha empresa, Camila Rossi Consultoria e Treinamento, estava crescendo, e minha autoridade no digital já era sólida. Foi então que recebi uma mensagem direta de uma seguidora chamada Patrícia Fontolan. Ela era consultora financeira e tributária e me contou que acompanhava meu trabalho com admiração. Ela me propôs de nos encontrarmos e eu aceitei prontamente, pois sempre valorizei novas conexões e, seguindo os meus instintos, sabia que essa conexão em especial seria frutífera.

Quando Patrícia chegou ao meu escritório, sua energia me cativou imediatamente. Era uma mulher de presença, seus olhos brilhavam, e nossa conversa fluiu de forma natural e espontânea. Percebi que nosso "santo havia batido" e enxerguei nela um grande potencial. Ao saber mais sobre sua trajetória, descobri que ela já havia tentado empreender, mas, após uma sociedade malsucedida, perdeu a coragem de seguir em frente. Reconhecendo o conhecimento contábil e financeiro que ela possuía, fiz-lhe uma proposta: "Por que não trabalhamos juntas? Venha fazer parte do corpo de consultores da Camila Rossi Consultoria".

Após dois meses prestando serviços para minha empresa, eu vi seu comprometimento e suas habilidades. Decidi, então, convidá-la para reconstruir comigo o sonho da contabilidade. Foi quando disse:

"Tenho uma estrutura de contabilidade pronta, é uma contabilidade diferenciada, que vai muito além dos serviços que os contadores oferecem normalmente, e preciso de uma CEO que conheça o negócio. Só reativarei o projeto se você aceitar embarcar nessa jornada comigo". Embora hesitante no início, porque ela já estava engajada no outro projeto, mesmo assim, Patrícia aceitou o desafio, e assim nasceu a OUROCONT Contabilidade Consultiva.

Nosso começo não foi fácil. Como toda empresa nova, enfrentamos desafios enormes, mas esses obstáculos nos tornaram mais fortes. Com o tempo, a OUROCONT cresceu e consolidou sua posição no mercado.

Essa experiência reforçou algo que faz parte da minha metodologia: multiplicar resultados por meio de parcerias estratégicas com pessoas comprometidas que tenham a mesma visão que você.

Ao longo dessa jornada, aprendi que os desafios são inevitáveis, mas o verdadeiro segredo do sucesso é a persistência. Se o caminho original não está funcionando, ajustamos a rota, redefinimos o propósito e seguimos em frente. A coragem de continuar e a capacidade de acreditar no que estamos construindo são os fatores que nos levam ao próximo nível.

**AO LONGO DESSA JORNADA, APRENDI QUE OS DESAFIOS SÃO INEVITÁVEIS, MAS O VERDADEIRO SEGREDO DO SUCESSO É A PERSISTÊNCIA.**

# 18

# INOVANDO PARA MULTIPLICAR: O LANÇAMENTO DO GP WAY

Com foco em continuar crescendo e me diversificando, em 2023 mergulhei de cabeça em um novo projeto: GP Way, um portal com soluções completas para a gestão de RH. Como a metodologia "O Poder do Lucro" inclui gestão de pessoas e inovação, percebi que havia uma oportunidade de complementar meu portfólio com uma ferramenta que otimizasse os processos dos departamentos de recursos humanos e melhorasse a comunicação interna das empresas.

Nosso ***software***, o sistema de gestão de recursos humanos GP Way foi projetado para eliminar o uso de papel, facilitando o armazenamento, a organização e o acesso a documentos do RH e contribuindo também para a sustentabilidade. A plataforma permite desde assinaturas digitais de contratos e admissão on-line até avaliações de desempenho e planos de desenvolvimento individual (PDI). Também inclui um mural de comunicação interna e ferramentas essenciais para uma gestão de pessoas eficiente.

Ao lado de dois sócios, Antônio Carlos Rosa, nosso desenvolvedor sênior, e Luiz Alberto Borowski, CEO da empresa, o projeto foi uma solução inovadora que nasceu do desejo de melhorar a gestão empresarial. Mais uma vez, vi a importância de cercar-me de pessoas que compartilham da mesma visão para multiplicar os resultados e transformar desafios em oportunidades.

**... VI A IMPORTÂNCIA DE CERCAR-ME DE PESSOAS QUE COMPARTILHAM DA MESMA VISÃO PARA MULTIPLICAR OS RESULTADOS E TRANSFORMAR DESAFIOS EM OPORTUNIDADES.**

# 19

# RENOVANDO SONHOS E ENFRENTANDO DESAFIOS: UMA JORNADA DE RESILIÊNCIA

Em 2024 eu estava com "sangue nos olhos", como diria meu pai. Iniciei o ano decidida a resolver minha vida de forma definitiva. Não permitiria que ninguém com energia negativa se aproximasse de mim. Tomei algumas atitudes drásticas, eliminando qualquer possibilidade de desvio do meu foco e da minha missão; eu estava decidida a ir muito mais além. Focada e determinada, planejando ter um filho e abrir mais uma unidade da CR, eu me dedicava intensamente e seguia disciplinada.

No entanto, me deparei com alguns problemas de saúde. Em 2023, meu corpo já havia dado sinais, mas achei que era apenas um alerta passageiro. Como os sinais persistiram, busquei ajuda médica e, nos exames, o médico percebeu uma alteração importante no lobo frontal do cérebro, então recebi a notícia que me deixou em choque: um cisto nas meninges. O projeto de engravidar precisou ser colocado em *stand-by*. Imediatamente, me desloquei para um dos melhores hospitais do Brasil, o Hospital Albert Einstein, onde refiz todos os exames e iniciei o tratamento.

Nunca pensei em parar. Não porque não pudesse; já tinha uma certa liberdade geográfica e financeira e poderia ficar em casa até o tratamento acabar. Mas eu sabia que, se fizesse isso, não estaria sendo a verdadeira Camila Rossi. Em vez de me vitimizar, chorar, me lamentar ou me deixar abater, encarei essa situação de frente, como apenas mais um obstáculo que eu superaria com louvor. E realmente o superei. Poucas pessoas souberam do que estava acontecendo, pois minha determinação me impulsionou a seguir em frente.

Após o tratamento, fui liberada pelo meu neurologista para tentar engravidar. Iniciei uma bateria de exames para verificar se tudo estava dentro da normalidade. Foi então que recebi mais uma notícia surpreendente: o diagnóstico de endometriose, além de outras alterações importantes no sistema reprodutivo. Passei por diversos médicos , e todos eles me afirmaram que eu teria muita dificuldade para engravidar e que a única forma de isso acontecer seriapor meio de fertilização *in vitro* (FIV). Confesso que, por um dia, meu mundo desabou.

Mas, no dia seguinte, já estava em busca de novas alternativas. Fomos, eu e meu esposo, ao Centro Mariano de Cuiabá e conversamos com o Pe. Maurício Sucena, do Arautos do Evangelho. Durante a conversa, o padre disse para eu desconsiderar a hipótese de FIV e nos recomendou que procurássemos uma médica de outro estado, que pertence à comunidade dos Arautos e utiliza apenas métodos aprovados pela igreja. Recomendou também que eu ficasse tranquila, porque eu iria engravidar, e disse que deveria pedir a graça à Nossa Senhora e, quando nascesse a criança, deveria consagrá-la sob suas bençãos.

Procurei então a médica indicada, ela examinou os meus exames, descartou a possibilidade de fazer FIV e disse para eu adotar o procedimento de hidrotubação. Porém, como ela não era da minha cidade, me encaminhou para outro médico que utilizava a mesma técnica, o dr. Érico Duarte Izaias. Imediatamente, iniciei o tratamento e quanta dor! Mas eu não desisto fácil.

Também iniciei o acompanhamento com uma nutricionista, a dra. Ana Paula Gava, que me indicou incluir na terapia a osteopatia e a acupuntura. Comecei a osteopatia com o dr. Anderson Mauad e acupuntura com a Áurea e segui à risca todas as recomendações. Na verdade, as chances eram mínimas, mas eu acredito que, se existe uma chance, nem que seja minima, se eu realmente quero, preciso acreditar, ter fé e dar o meu máximo.

Depois de três meses de tratamentos intensivos e muito otimista, na última sessão de hidrotubação, o líquido que era injetado não fluiu com facilidade, então o dr. Érico solicitou novamente que eu fizesse o exame de histeroscopia. Eu já havia tentando marcar esse exame anteriormente, mas não havia conseguido agenda. Como estava com data marcada para ministrar uma palestra num evento em Dubai, disse ao dr. Érico: "Vou voltar grávida de Dubai!". Ele sorriu e me disse que a chance de isso acontecer era de apenas 1%, mas que era possível.

Porém a continuidade desta história descreverei com detalhes no meu próximo livro, no qual darei testemunho de todos os milagres que aconteceram em minha vida.

Compartilhei essa minha jornada não apenas como um relato pessoal, mas para inspirar outras pessoas a não desistirem de seus sonhos, independentemente dos obstáculos que possam surgir. Nesse interim, nunca parei, me mantive mais do que nunca ativa nas minhas redes sociais, escrevi um capítulo do livro *Finanças e negócios* em coautoria com outros profissionais, abri uma nova unidade da CR Gestão Inteligente em Alphaville, Barueri/SP, e, claro, escrevi esta obra-prima que você está lendo: *O poder do lucro*.

Esta metodologia é uma reflexão profunda sobre como transformar desafios em oportunidades, mantendo o foco em nossos objetivos. Cada obstáculo que enfrentei foi uma lição valiosa, um passo em direção ao meu propósito. O verdadeiro poder não está apenas em realizar metas financeiras, mas em cultivar uma mentalidade resiliente, que nos permita crescer e prosperar, mesmo diante das dificuldades.

20

# LEGADO E INSPIRAÇÃO

Ao compartilhar minha jornada com você, desejo que minha história e a metodologia "O Poder do Lucro" sirvam como um farol de coragem, audácia e resiliência. Muitos que me conhecem hoje talvez nunca tenham imaginado os desafios que enfrentei, porque, mesmo nos momentos mais difíceis, nunca demonstrei fragilidade. Nunca me vitimizei nem me considerei pobre ou incapaz, mesmo quando as situações eram extremamente adversas.

Desde a falência da minha padaria até as crises pessoais e financeiras que enfrentei, aprendi que os desafios não são barreiras, mas oportunidades disfarçadas. A visão que meu pai me transmitiu – de que os desafios são trampolins para o sucesso – tornou-se uma verdade fundamental na minha vida. A mentalidade de abundância e resolução que ele me ensinou me ajudou a enfrentar cada dificuldade com uma perspectiva de crescimento e aprendizado.

Minha coragem e audácia foram fundamentais para desenvolver a metodologia "O Poder do Lucro". Essa abordagem não é apenas uma série de estratégias, é um reflexo da minha jornada e da crença de que, na vida, só a morte é uma situação irreversível. Tudo o que enfrentamos, por mais desafiador que seja, tem um lado positivo, tem solução e pode ser transformado em uma oportunidade para o sucesso.

Mas minha jornada não para por aqui. Meus projetos futuros são ousados, e minha determinação, coragem e persistência me levarão ainda mais longe. Estou comprometida em continuar a explorar novas fronteiras e a enfrentar novos desafios com a mesma audácia que sempre me guiou. E eu convido todos vocês a se juntarem a mim nessa jornada. Vamos juntos transformar sonhos em realidade e alcançar novos patamares de sucesso.

# ANOTAÇÕES

# ANOTAÇÕES

# ANOTAÇÕES

# ANOTAÇÕES

# ANOTAÇÕES

# ANOTAÇÕES

EDITORA
CHAVE MESTRA®

**Instagram:** @editorachavemestra

**E-mail:** editora@editorachavemestra.com.br

**Site:** www.editorachavemestra.com.br